## 归去来兮辞（陶渊明）

余家贫，耕植不足以自给。幼稚①盈②室，瓶无储粟，生生所资③，未见其术。亲故多劝余为长吏④，脱然⑤有怀⑥，求之靡途⑦。会有四方之事⑧，诸侯⑨以惠爱为德，家叔⑩以⑪余贫苦，遂见⑫用于小邑。于时风波⑬未静，心惮⑭远役，彭泽⑮去家百里，公田之利，足以为酒。故便求之。及少日，眷然⑯有归欤之情。何则⑰？质性⑱自然，非矫厉⑲所得。饥冻虽切⑳，违己㉑交病㉒。尝从人事㉓，皆口腹自役㉔。于是怅然㉕慷慨，深愧平生之志。犹望㉖一稔㉗，当敛裳㉘宵逝。寻㉙程氏妹㉚丧于武昌㉛，情㉜在㉝骏奔㉞，自免去职。仲秋㉟至冬，在官八十余日。因事㊱顺心，命篇曰《归去来兮》。乙巳岁㊲十一月也。

归去来兮㊳！田园将芜胡不归？既自以心为形役，奚惆怅㊴而独悲！悟已往之不谏，知来者之可追。实迷途其未远，觉今是而昨非。舟遥遥以轻飏，风飘飘而吹衣。问征夫㊵以前路，恨晨光之熹微㊶。

乃瞻衡宇。僮仆欢迎，稚子候门。三径就荒，松菊犹存。携幼入室，有酒盈樽。引㊷壶觞㊸以自酌，眄庭柯以怡颜。倚南窗以寄傲，审容膝之易安。园日涉㊹以成趣，门虽设而常关。策扶老以流憩，时矫首而遐观。云无心以出岫，鸟倦飞而知还。景翳翳以将入，抚孤松而盘桓㊺。

归去来兮！请息交㊻以绝游。世与我而相违，复驾言兮焉求？悦亲戚之情话㊼，乐琴书以消忧。农人告余以春及，将有事㊽于西畴。或命巾车，或棹㊾孤舟。既窈窕以寻壑，亦崎岖而经丘。木欣欣以向荣，泉涓涓而始流。善万物之得时，感吾生之行休。

已矣乎！寓形宇内复几时，曷不委心任去留？胡为乎遑遑欲何之？富贵非吾愿，帝乡不可期。怀良辰以孤往，或植杖而耘耔。登东皋以舒啸，临清流而赋。聊㊿乘化以归尽，乐夫天命复奚疑！



注释

①幼稚：指孩童。
②盈：满。
③生生：犹言维持生计。
④长吏：较高职位的县吏。指小官。
⑤脱然：轻快的样子。
⑥有怀：有所思念（指有了做官的念头）。
⑦靡途：没有门路。
⑧会有四方之事：刚巧碰上有出使到外地去的事情。会，适逢。四方，意为到各处去。
⑨诸侯：指州郡长官。
⑩家叔：指陶夔，当时任太常卿。
⑪以：因为。
⑫见：被。

⑬风波：指军阀混战。

⑭惮：害怕。

⑮彭泽：县名，在今江西省湖口县东。

⑯眷然：依恋的样子。归欤之情：回去的心情。

⑰何则：什么道理。何，什么。则，道理。

⑱质性：本性。

⑲矫厉：造作勉强。

⑳切：迫切。

㉑违己：违反自己本心。

㉒交病：指思想上遭受痛苦。

㉓从人事：从事于仕途中的人事交往，指做官。

㉔口腹自役：为了满足口腹的需要而驱使自己。

㉕怅然：失意。

㉖望：期待。

㉗一稔：公田收获一次。稔，谷物成熟。





㉘敛裳：收拾行装。

㉙寻：不久。

㉚程氏妹：嫁给程家的妹妹。

㉛武昌：今湖北省鄂城县。

㉜情：吊丧的心情。

㉝在：像。

㉞骏奔：急着前去奔丧。

㉟仲秋：农历八月。

㊱事：辞官。

㊲乙巳岁：晋安帝义熙元年。

㊳归去来兮：意思是『回去吧』。来，助词，无义。兮，语气词。

㊴惆怅：失意的样子。

㊵征夫：行人而非征兵之人。

㊶熹微：微明，天未大亮。

㊷引：拿来。

㊸壶觞：酒壶、酒杯。
㊹涉：行走。
㊺盘桓：徘徊不进。
㊻息交：杜绝交往。
㊼情话：知心话。
㊽有事：指耕种。
㊾棹：船桨、划船。
㊿聊：且。

**点评**

此赋通过对自己辞官归隐过程和思想变化的描写，表现了对仕宦生活的厌恶和摆脱这种生活后的喜悦，从中可见作者对当时统治者彻底失望，宁可归隐躬耕也不与统治者同流合污的决绝态度。尤其『倚南窗以寄傲』、『请息交以绝游』、『富贵非吾愿，帝乡不可期』等句，可以看作作者告别上层社会的宣言。但是所谓『曷不委心任去留』、『聊乘化以归尽，乐夫天命复奚疑』，却表现出无可奈何，只能听之任之，却要毫无理由地乐于天命的人生态度，在历史上产生过消极影响。作品中处处洋溢着淳朴而欢欣的情感，语言平易流畅，诗意盎然，一直受到人们的喜爱和推崇。宋代的欧阳修甚至说：『晋无文章，惟陶渊明《归去来辞》一篇而已。』可见其历史地位之高。






## 桃花源记（陶渊明）

晋太元①中，武陵人②捕鱼为业③。缘④溪行⑤，忘路之远近⑥。忽逢⑦桃花林，夹岸⑧数百步，中无杂⑨树，芳草鲜美⑩，落英⑪缤纷⑫。渔人甚异之⑬。复⑭前⑮行，欲⑯穷⑰其林。

林尽水源⑱，便⑲得⑳一山，山有小口，仿佛㉑若㉒有光。便舍㉓船，从口入。初㉔极狭，才通人㉕。复行㉖数十步，豁然开朗㉗。土地平㉘旷㉙，屋舍㉚俨然㉛，有良田美池桑竹之㉜属㉝。阡陌交通㉞，鸡犬相闻㉟。其中往来种作㊱，男女衣着㊲，悉㊳如外人㊴。黄发垂髫㊵，并㊶怡然㊷自乐。

见渔人，乃大惊㊸，问所从来㊹。具㊺答之㊻。便要㊼还家，设酒杀鸡作食。村中闻有此人，咸㊽来问讯㊾。自云㊿先世(51)避秦时乱，率(52)妻子(53)邑人(54)来此绝境(55)，不复(56)出焉(57)，遂(58)与外人间隔(59)。问今是何世(60)，乃(61)不知有汉，无论(62)魏晋。此人一一为(63)具言(64)所闻(65)，皆叹惋(66)。余(67)人各复延至(68)其家，皆出酒食。停数日，辞去(69)。此中人语(70)云：『不足(71)为(72)外人道也。』

既(73)出，得其船，便扶向路(74)，处处志之(75)。及郡下(76)，诣(77)太守，说如此(78)。太守即遣人随其往，寻向所志(79)，遂(80)迷，不复得(81)路。

南阳刘子骥，高尚(82)士(83)也，闻之，欣然(84)规(85)往。未果(86)，寻(87)病终(88)，后遂无问津(89)者。

**注释**

①太元：东晋孝武帝的年号。

②武陵：郡名，今武陵山区或湖南常德一带。

③为业：把……作为职业，以……为生。为，作为。

④缘：顺着，沿着。

⑤行：行走。这里指划船。

⑥远近：偏义复词，仅指远。

⑦忽逢：忽然遇到。逢，遇见。

⑧夹岸：两岸。

⑨杂：别的，其他的。

⑩鲜美：鲜艳美丽。

⑪落英：落花。一说，初开的花。

⑫缤纷：繁多而纷乱的样子。

⑬异之：以之为异，即对此感到诧异。

⑭复：又，再。

⑮前：名词活用为状语，向前。

⑯欲：想要。



⑰穷：尽，形容词用做动词，这里是『走到……的尽头』的意思。

⑱林尽水源：林尽于水源，桃花林在溪水发源的地方就没有了。尽，完，没有了。

⑲便：于是，就。

⑳得：看到。

㉑仿佛：隐隐约约，形容看得不真切的样子。

㉒若：好像。

㉓舍：舍弃，丢弃。

㉔初：起初，刚开始。

㉕才通人：仅容一人通过。才，副词，只。

㉖行：行走。

㉗豁然开朗：形容由狭窄幽暗突然变得宽阔明亮的样子。然，……的样子。豁然，形容开阔敞亮的样子。开朗，开阔明亮。

㉘平：平坦。

㉙旷：空阔，宽阔。

㉚屋舍：房屋。

㉛俨然：整齐的样子。

㉜之：这。

㉝属：类。

㉞阡陌交通：田间小路交错相通。阡陌，田间小路，南北走向的叫阡，东西走向的叫陌。交通，交错相通。

㉟鸡犬相闻：（村落间）能相互听见鸡鸣狗叫的声音。相闻，可以互相听到。

㊱种作：耕种劳作。

㊲衣着：穿着打扮，穿戴。

㊳悉：全，都。

㊴外人：外族人。

㊵黄发垂髫：老人和小孩。黄发，旧说是长寿的象征，用以指老人。垂髫，垂下来的头发，用来指小孩子。

㊶并：都。

㊷怡然：愉快、高兴的样子。

㊸乃大惊：竟然很惊讶。乃，竟然。大，很，非常。

㊹从来：从……地方来。

㊺具：通「俱」，全，详细。

㊻之：代词，指代桃源人所问问题。



㊼要：通「邀」，邀请。

㊽咸：副词，都，全。

㊾问讯：询问消息，打听消息。

㊿云：说。

(51)先世：祖先。

(52)率：率领。

(53)妻子：指妻室子女。「妻」「子」是两个词。妻，指男子配偶。子，指子女。

(54)邑人：同乡（县）的人。邑，古代区域单位。

(55)绝境：与人世隔绝的地方。绝，绝处。

(56)复：再，又。

(57)焉：兼词，相当于「于之」，「于此」，从这里。

(58)遂：就。

(59)间隔：隔断，隔绝。

(60)世：朝代。

(61)乃：竟，竟然。

62 无论：不要说，（更）不必说。「无」「论」是两个词，不同于现代汉语里的「无论」。

63 为：对，向。

64 具言：详细地说出。

65 所闻：指渔人所知道的世事。闻，知道，听说。

66 叹惋：感叹、惋惜。惋，惊讶，惊奇。

67 余：其余，剩余。

68 延至：邀请到。延，邀请。至，到。

69 去：离开。

70 语：告诉。

71 不足：不必，不值得。

72 为：介词，向、对。

73 既：已经。

74 便扶向路：就顺着旧的路（回去）。扶，沿着、顺着。向，从前的、旧的。

75 处处志之：处处都做了标记。志，动词，做标记。处处，到处。

76 及郡下：到了郡城。及，到达。郡，太守所在地，指武陵郡。

77 诣：到。特指到尊长那里去。

78 如此：像这样，指在桃花源的见闻。

79 寻向所志：寻找以前所做的标记。寻，寻找。向，先前。志，名词，标记。

80 遂：终于。

81 得：取得，获得，文中是找到的意思。

82 高尚：品德高尚。

83 士：人士。

84 欣然：高兴的样子。

85 规：计划。

86 未果：没有实现。果，实现。

87 寻：随即，不久。

88 终：死亡。

89 问津：问路，这里是访求、探求的意思。津，渡口。

点评

作者借用小说笔法，以一个捕鱼人的经历为线索展开故事，以美好闲静、『芳草鲜美，落英缤纷』的桃花林，把读者从现实世界引入到迷离惝恍的桃花源。在那里，没有税赋，没有战乱，没有沽名钓誉，没有勾心斗角，人与人之间的关系也是那么平和，那么诚恳。造成这一切的原因，作者没有明说，但从『乃不知有汉，无论魏晋』一句中已隐约透露了消息：归根结底，是因为没有一个高踞人民头上为私利互相攻伐的统治集团。临别时所谓『不足为外人道也』、渔人返寻所志的迷不得路、南阳刘子骥的往寻不果，更加强了远隔世外、迷离惝恍、有余意不穷之感。

## 五柳先生传（陶渊明）

先生不知何许人①也，亦不详②其姓字③。宅边有五柳树，因以为号焉④。闲静少言，不慕荣利。好读书，不求甚解⑤；每有会意⑥，便欣然⑦忘食。性嗜⑧酒，家贫不能常得。亲旧⑨知其如此⑩，或⑪置酒而招之。造饮辄尽⑫，期在必醉⑬；既⑭醉而退，曾不吝情去留⑮。环堵萧然⑯，不蔽风日，短褐穿结⑰，箪瓢屡空⑱，晏如⑲也。常著文章自娱，颇示己志。忘怀得失，以此自终⑳。

赞㉑曰：黔娄㉒之妻有言：『不戚戚㉓于贫贱，不汲汲㉔于富贵。』其言㉕兹㉖若人㉗之俦㉘乎？衔觞㉙赋诗，以乐其志㉚，无怀氏㉛之民欤？葛天氏之民欤？

### 注释

①何许人：何处人。也可解作哪里人。许，处所。

②详：知道。

③姓字：姓名。古代男子二十而冠，冠后另立别名称字。

④因以为号焉：就以此为号。以为，以之为。焉，语气助词。

⑤不求甚解：这里指读书只求领会要旨，不在一字一句的解释上过分探究。

⑥会意：指对书中的有所体会。会，体会、领会。

⑦欣然：高兴的样子。

⑧嗜：喜好。

⑨亲旧：亲戚朋友。旧，这里指旧交，旧友。

⑩如此：像这样。

⑪或：有时。

⑫造饮辄尽：去喝酒就喝个尽兴。造，往，到。辄，就。

⑬期在必醉：希望一定喝醉。期，期望。

⑭既：已经。

⑮曾不吝情去留：五柳先生态度率真，来了就喝酒，喝完就走。曾不，竟不。吝情，舍不得。去留，意思是离开。

⑯环堵萧然：简陋的居室里空空荡荡。环堵，周围都是土墙，形容居室简陋。堵，墙壁。萧然，空寂的样子。

⑰短褐穿结：粗布短衣上打了个补丁。短褐，粗布短衣。穿结，指衣服破烂。穿，破。结，缝补。

⑱箪瓢屡空：形容贫困，难以吃饱。箪，盛饭的圆形竹器。瓢，饮水用具。屡，经常。
⑲晏如：安然自若的样子。
⑳自终：过完自己的一生。
㉑赞：传记结尾的评论性文字。
㉒黔娄：战国时期齐稷下先生，齐国有名的隐士和著名的道学家。
㉓戚戚：忧愁的样子。
㉔汲汲：极力营求的样子、心情急切的样子。
㉕其言：推究她所说的话。
㉖兹：这。
㉗若人：此人，指五柳先生。
㉘俦：辈，同类。
㉙觞：酒杯。
㉚以乐其志：为自己抱定的志向感到快乐。以，用来。
㉛无怀氏：与下面的『葛天氏』都是传说中的上古帝王。





点评

这篇传的写法很特别，主人公既不知其名姓，也不知其来历，因为他的宅边有五棵柳树而被叫作『五柳先生』，『神龙见首不见尾』。文中描写五柳先生的性情、爱好，突出其率性自然，『不戚戚于贫贱，不汲汲于富贵』的生活态度。文章的末尾自问是上古无怀氏时代的人，还是葛天氏时代的人，说明作者虽然生活在动乱频仍的晋代，内心却一直系于理想中的上古盛世，则其为人行事之超然绝俗也就不足为怪了。萧统《陶渊明传》说：陶渊明颖脱而出，远远超出一般人之上，任性率真而悠然自得。曾经著《五柳先生传》自况，当时的人说其中都是实录。

## 北山移文（孔稚珪）

钟山之英，草堂之灵①，驰烟驿路②，勒③移山庭。夫以耿介④拔俗⑤之标⑥，萧洒⑦出尘⑧之想，度⑨白雪以方⑩洁，干⑪青云而直上，吾方知之矣。

若其亭亭物表⑫，皎皎霞外⑬，芥⑭千金而不眄⑮，屣⑯万乘⑰其如脱，闻凤吹于洛浦⑱，值薪歌⑲于延濑⑳，固亦有焉。

岂期终始参差，苍黄㉑翻覆㉒，泪翟子㉓之悲，恸朱公㉔之哭。乍㉕回迹以心染㉖，或先贞㉗而后黩㉘，何其谬哉！呜呼，尚生㉙不存，仲氏㉚既往，山阿寂寥，千载谁赏！

世有周子㉛，隽俗㉜之士，既文既博，亦玄亦史。然而学遁东鲁㉝，习隐南郭㉞，偶吹㉟草堂，滥巾㊱

北岳㊲。诱我松桂，欺我云壑㊳。虽假容于江皋㊴，乃缨情㊵于好爵。

其始至也，将欲排巢父，拉㊶许由，傲百氏，蔑王侯。风情张㊷日，霜气横㊸秋。或叹幽人㊹长往，或怨王孙㊺不游。谈空空㊻于释部，覈玄玄㊼于道流，务光㊽何足比，涓子㊾不能俦㊿。

及其鸣驺(51)入谷，鹤书(52)赴陇(53)，形驰魄散，志变神动。尔(54)乃眉轩(55)席次，袂耸(56)筵上，焚芰制而裂荷衣(57)，抗(58)尘容而走(59)俗状。风云悽其带愤，石泉咽(60)而下怆(61)，望林峦而有失，顾草木而如丧。

至其钮(62)金章，绾墨绶(63)，跨属城(64)之雄，冠百里(65)之首。张(66)英风于海甸(67)，驰(68)妙誉于浙右(69)。道帙(70)长摈(71)，法筵久埋(72)。敲扑(73)諠嚣犯其虑，牒诉(74)倥偬(75)装其怀。琴歌既断，酒赋无续，常绸缪(76)于结课(77)，每纷纶于折狱(78)，笼(79)张赵(80)于往图(81)，架(82)卓鲁(83)于前箓(84)，希踪(85)三辅(86)豪，驰声九州牧(87)。

使我高霞孤映，明月独举，青松落阴，白云谁侣？磵(88)户摧绝(89)无与归，石径荒凉徒延伫(90)。至于还飙(91)入幕，写(92)雾出楹(93)，蕙帐空兮夜鹤怨，山人去兮晓猨惊。昔闻投簪(94)逸(95)海岸，今见解兰(96)缚尘缨(97)。于是南岳献嘲，北陇腾笑，列壑争讥，攒峰竦诮(98)。慨游子之我欺，悲无人以赴吊。

故其林惭无尽，涧愧不歇，秋桂遣(99)风，春萝罢月。骋西山之逸议，驰东皋之素谒(100)。

今又促装(101)下邑(102)，浪栧(103)上京，虽情殷(104)于魏阙(105)，或假步(106)于山扃(107)。岂可使芳杜厚颜，薜荔蒙耻，碧岭再辱，丹崖重滓(108)，尘游躅(109)于蕙路，汙(110)渌池(111)以洗耳。宜扃岫幌(112)，掩云关，敛轻雾，藏鸣湍。截来辕于谷口，杜(113)妄辔于郊端。于是从条瞋胆，叠颖(114)怒魄。或飞柯(115)以折轮，乍(116)低枝而扫迹(117)。请迴俗士驾，为君(118)谢逋客(119)。





注释

①英、灵：神灵。

②驿路：通驿车的大路。

③勒：刻。

④耿介：光明正直。

⑤拔俗：超越流俗之上。

⑥标：风度、格调。

⑦萧洒：脱落无拘束的样子。

⑧出尘：超出世俗之外。

⑨度：比量。

⑩方：比。

⑪干：犯，凌驾。

⑫物表：万物之上。

⑬霞外：天外。

⑭芥：小草，此处用作动词。
⑮眄：斜视。
⑯屣：草鞋，此处用作动词。
⑰万乘：指天子。
⑱「闻凤吹」句：《列仙传》「王子乔，周灵王太子晋，好吹笙作凤鸣，常游于伊、洛之间。」
⑲「值薪歌」句：《文选》吕向注「苏门先生游于延濑，见一人采薪，谓之曰：「子以终此乎？」采薪人曰：「吾闻圣人无怀，以道德为心，何怪乎而为哀也。」遂为歌二章而去。」值，碰到。
⑳濑：水流沙石上。
㉑苍黄：青色和黄色。
㉒翻覆：变化无常。
㉓翟子：墨翟。他见练丝而泣，为其可以黄可以黑。
㉔朱公：杨朱。杨朱见歧路而哭，为其可以南可以北。
㉕乍：初、刚才。
㉖心染：心里牵挂仕途名利。
㉗贞：正。




㉘黩：污浊肮脏。
㉙尚生：尚子平，西汉末隐士，入山担薪，卖之以供食饮（见《高士传》）。
㉚仲氏：仲长统，东汉末年人，每州郡命召，辄称疾不就。
㉛周子：周颙。
㉜隽俗：卓立世俗。
㉝东鲁：指颜阖。
㉞南郭：《庄子·齐物论》「南郭子綦隐机而坐，仰天嗒然，似丧其偶。」
㉟偶吹：杂合众人吹奏乐器。
㊱滥巾：即冒充隐士。巾，隐士所戴头巾。
㊲北岳：北山。
㊳壑：山谷。
㊴江皋：江岸。这里指隐士所居的长江之滨钟山。
㊵缨情：系情，忘不了。
㊶拉：折辱。
㊷张：张大。

㊸横：弥漫。

㊹幽人：隐逸之士。

㊺王孙：指隐士。

㊻空空：佛家义理。佛家认为世上一切皆空。

㊼玄玄：道家义理。

㊽务光：《列仙传》「务光者，夏时人也……殷汤伐桀，因光而谋，光曰：「非吾事也。」汤得天下，已而让光，光遂负石沉窾水而自匿。」

㊾涓子：《列仙传》「涓子者，齐人也。好饵术，隐于宕山。」

㊿俦：匹敌。

(51)鸣驺：指使者的车马。鸣，喝道；驺，随从骑士。

(52)鹤书：指徵召的诏书。因诏板所用的书体如鹤头，故称。

(53)陇：山阜。

(54)尔：这时。

(55)轩：高扬。

(56)袂耸：衣袖高举。

(57)芰制、荷衣：以荷叶做成的隐者衣服。

(58)抗：高举，这里指张扬。

(59)走：驰骋。这里喻迅速。

(60)咽：悲泣。

(61)怆：怨怒的样子。

(62)纽：系。

(63)墨绶：黑色的印带。

(64)属城：郡下所属各县。

(65)百里：古时一县约管辖百里。

(66)张：播。

(67)海甸：海滨。

(68)驰：传。

(69)浙右：今浙江绍兴一带。

(70)道帙：道家的经典。帙，书套，这里指书籍。

(71)摈：一作「殡」，抛弃。

(72) 埋：废弃。
(73) 敲扑：鞭打。
(74) 牒诉：诉讼状纸。
(75) 倥偬：事务繁忙迫切的样子。
(76) 绸缪：纠缠。
(77) 结课：计算赋税。
(78) 折狱：判理案件。
(79) 笼：笼盖。
(80) 张赵：张敞、赵广汉。两人都做过京兆尹，是西汉的能吏。
(81) 往图：过去的记载。
(82) 架：超越。
(83) 卓鲁：卓茂、鲁恭。两人都是东汉的循吏。
(84) 箓：簿籍。
(85) 希踪：追慕踪迹。
(86) 三辅：汉代称京兆、左冯翊、右扶风为三辅。







(87) 牧：地方长官，如刺史、太守之类。
(88) 磵：通「涧」。
(89) 摧绝：崩落。
(90) 延伫：长久站立有所等待。
(91) 还飙：回风。
(92) 写：同「泻」，吐。
(93) 楹：屋柱。
(94) 投簪：抛弃冠簪。簪，古时连结官帽和头发的用具。
(95) 逸：隐遁。
(96) 兰：用兰做的佩饰，隐士所佩。
(97) 缚尘缨：束缚于尘网。
(98) 攒峰：密聚在一起的山峰。竦：同「耸」，跳动。献嘲、腾笑、争讥、竦诮，都是嘲笑、讥讽的意思。
(99) 遣：一作「遗」，排除。
(100) 骋、驰：都是传播之意。
(101) 促装：束装。

(102)下邑：指原来做官的县邑（山阴县）。
(103)浪栧：鼓棹，驾舟。
(104)殷：深厚。
(105)魏阙：高大门楼。这里指朝廷。
(106)假步：借住。
(107)山扃：山门，指北山。
(108)重滓：再次蒙受污辱。
(109)躅：足迹。
(110)汙：污。
(111)渌池：清池。
(112)岫幌：犹言山穴的窗户。岫，山穴。幌，帷幕。
(113)杜：堵塞。
(114)颖：草芒。
(115)飞柯：飞落枝柯。
(116)乍：骤然。
(117)扫迹：遮蔽路径。
(118)君：北山神灵。
(119)逋客：逃亡者，指周颙。

**点评**

移文是古代文书的一种，相当于现代的公开信，是用来表明自己的态度和谴责他人作风的一种文体。孔稚珪运用这种文体，假托北山山神的旨意，通过拟人手法，讥讽了那些表面清高实际上贪图名利的假隐士的丑恶心态。

本文以赋的形式写成，大量用典，辞藻艳丽，属对精工，确实写成了一篇十分华美的文章。但是，与前面陶渊明那三篇朴实无华、自然清新的文章放在一起，却反而显得内容苍白了。陶渊明是真正当了隐士的；孔稚珪虽然戏谑他人，自己却先在宋朝任职记室参军，后在齐朝官至太子詹事加散骑常侍。何况，真正的隐士是不去计较他人作为的，而孔稚珪却为此大动笔墨，这又与醉心桃花源的陶渊明大相径庭。

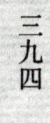

## 谏太宗十思疏（魏征）

臣闻求木之长者，必固①其根本；欲流之远②者，必浚③其泉源；思国之安者，必积其德义。源不深而望流之远，根不固而求木之长，德不厚而思国之治，虽在下愚，知其不可，而况于明哲乎？人君当④神器之重，居域中之大⑤，不念居安思危，戒奢以⑥俭，德不处其厚，情不胜其欲，斯亦伐根以求木茂，塞源而欲流长者也。

凡百⑦元首，承天景⑧命，莫不殷夏而道着，功成而德衰，有善始者实繁，能克⑨终者盖寡。岂取之易而守之难乎？昔取之而有馀，今守之而不足，何也？夫在殷夏⑩，必竭诚以待下；既得志，则纵情以傲物⑪。竭诚则胡越⑫为一体，傲物则骨肉为行路⑬。虽董⑭之以严刑，振⑮之以威怒，终苟免而不怀仁，貌恭而不心服。怨不在大，可畏惟人，载舟覆舟，所宜深慎。

奔车朽索，岂可忽乎？君人者，诚能见可欲，则思知足以自戒；将有作⑯，则思知止以安人；念高危，则思谦冲⑰而自牧⑱；惧满溢，则思江海下百川；乐盘游⑲，则思三驱⑳以为度；忧懈怠，则思慎始而敬㉑终；虑壅蔽，则思虚心以纳下；惧谗邪，则思正身以黜㉒恶；恩所加，则思无因喜以谬赏；罚所及，则思无因怒而滥刑。总此十思，宏兹九德㉓。简㉔能而任之，择善而从之，则智者尽其谋，勇者竭其力，仁者播其惠，信者㉕效其忠。文武争驰，君臣无事，可以尽豫游之乐，可以养松乔之寿，鸣琴垂拱，不言而化。何必劳神苦思㉖，代下司职，役聪明之耳目，亏无为之大道哉？

注释

①固：使……稳固。

②远：形容词用作动词，使……流得远。

③浚：疏通，深挖。





④当：主持，掌握。

⑤居域中之大：据天地间重大的地位。域中，天地间。

⑥以：用，行。

⑦凡百：所有的。

⑧景：重大。

⑨克：能够。

⑩盖：承接上文，表示推断原因。

⑪傲物：看不起别人。物，这里指自己以外的人。

⑫吴越：吴国和越国，春秋时两个敌对的诸侯国。

⑬行路：路人，陌生人。

⑭董：督责，监督。

⑮振：通『震』，威吓。

⑯作：建造，兴建。指大兴土木，营建宫殿苑囿一类事情。

⑰谦冲：谦虚。冲，虚。

⑱自牧：自我约束。牧，养。

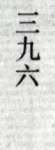

⑲盘游：娱乐游逸，指从事打猎。

⑳三驱：出自《易经》「王以三驱」，有两说：一说狩猎时让开一面，三面驱赶，以示好生之德；一说一年以三次田猎为度。

㉑敬：慎。

㉒黜：排斥。

㉓宏兹九德：扩大九德的修养。宏，使……光大。兹，此。九德，即指九种美好品德。

㉔简：同「拣」，选拔。

㉕信者：诚信的人。

㉖劳神苦思：劳苦，使动用法，使……劳累，使……辛苦。

**点评**

本文围绕「思国之安者，必积其德义」的主旨，规劝唐太宗在政治上要慎始敬终，虚心纳下，赏罚公正；用人时要知人善任，简能择善；生活上要崇尚节俭，不轻用民力。这些主张虽以巩固李唐王朝为出发点，但客观上使人民得以休养生息，有利于初唐的强盛。

本文以「思」为线索，将所要论述的问题联缀成文，文理清晰，结构缜密。并运用比喻、排比和对仗的修辞手法，说理透彻，音韵铿锵，气势充沛，是一篇很好的论说文。



## 为徐敬业讨武曌檄（骆宾王）

伪临朝①武氏者，性非和顺，地②实寒微。昔充太宗下陈③，曾以更衣④入侍。洎⑤乎晚节⑥，秽乱春宫⑦。潜隐先帝之私⑧，阴图后庭之嬖⑨。入门见嫉，蛾眉⑩不肯让人；掩袖工谗⑪，狐媚⑫偏能惑主。践元后⑬于翚翟⑭，陷吾君于聚麀⑮。加以虺蜴⑯为心，豺狼成性，近狎邪僻⑰，残害忠良⑱，杀姊屠兄⑲，弑君鸩母⑳。人神之所同嫉，天地之所不容。犹复包藏祸心，窥窃神器㉑。君之爱子，幽之于别宫㉒；贼之宗盟㉓，委之以重任。呜呼！霍子孟㉔之不作，朱虚侯㉕之已亡。燕啄皇孙㉖，知汉祚之将尽；龙漦帝后㉗，识夏庭之遽衰。

敬业皇唐旧臣，公侯冢子㉘。奉先君㉙之成业，荷本朝之厚恩。宋微子㉚之兴悲，良㉛有以也；袁君山㉜之流涕，岂徒然哉！是用气愤风云，志安社稷。因天下之失望，顺宇内㉝之推心，爰㉞举义旗，誓清妖孽。南连百越㉟，北尽三河㊱，铁骑成群，玉轴㊲相接。海陵㊳红粟㊴，仓储之积靡穷㊵；江浦㊶黄旗，匡复之功何远？班声㊷动而北风起，剑气冲而南斗平。喑呜则山岳崩颓，叱咤则风云变色㊸。以此制敌，何敌不摧；以此攻城，何城不克！

公等㊹或居汉位，或协周亲㊺，或膺㊻重寄于话言，或受顾命㊼于宣室㊽。言犹在耳，忠岂忘心？一抔之土㊾未干，六尺之孤㊿安在(51)？傥(52)能转祸为福，送往事居(53)，共立勤王(54)之勋，无废旧君(55)之命，凡诸爵赏，同指山河(56)。若其眷恋穷城(57)，徘徊歧路，坐昧(58)先机之兆，必贻(59)后至之诛。

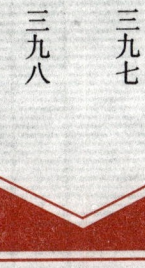

试看今日之域中，竟是谁家之天下！

**注释**

① 临朝：莅临朝廷掌握政权。

② 地：指家庭、家族的社会地位。

③ 下陈：古人宾主相馈赠礼物，陈列在堂下，称为「下陈」。

④ 更衣：换衣。

⑤ 洎：及，到。

⑥ 晚节：后来。

⑦ 春宫：亦称东宫，是太子居住的地方，后人常借指太子。

⑧ 私：宠幸。

⑨ 嬖：宠爱。

⑩ 蛾眉：原以蚕蛾的触须比喻女子修长而美丽的眉毛，这里借指美女。

⑪ 掩袖工谗：说武则天善于进谗害人。

⑫ 狐媚：唐代迷信狐仙，认为狐狸能迷惑害人，所以称用手段迷人为狐媚。

⑬ 元后：正宫皇后。



⑭ 翚翟：用美丽鸟羽织成的衣服，指皇后的礼服。翚，五彩雉鸡。翟，长尾山鸡。

⑮ 聚麀：多匹牡鹿共有一匹牝鹿。麀，母鹿。这句意谓武则天原是唐太宗的姬妾，现在当上高宗的皇后，使高宗乱伦。

⑯ 虺蜴：指毒物。虺，毒蛇。蜴，蜥蜴，古人以为有毒。

⑰ 狎：亲近。

⑱ 忠良：指因反对武后而先后被杀的长孙无忌、上官仪，褚遂良等大臣。

⑲ 杀姊屠兄：据《旧唐书·外戚传》记载：武则天被册立为皇后之后，陆续杀死侄儿武惟良、武怀远和姊女贺兰氏。

⑳ 弑君鸩母：谋杀君王、毒死母亲。

㉑ 窥窃神器：阴谋取得帝位。神器，指皇位。

㉒ 君之爱子，幽之于别宫：指唐高宗死后，中宗李显继位，旋被武后废为庐陵王，改立睿宗李旦为帝，但实际上是被幽禁起来（事见《新唐书·后妃传》）。二句为下文「六尺之孤何在」张本。

㉓ 宗盟：家属和党羽。

㉔ 霍子孟：名霍光，西汉大臣。

㉕ 朱虚侯：汉高祖子齐惠王肥的次子，名刘章，封朱虚侯。

㉖ 「燕啄皇孙」二句：《汉书·五行志》记载：汉成帝时有童谣说「燕飞来，啄皇孙」。后赵飞燕入宫为皇后，因无子而妒杀了许多皇子，汉成帝因此无后嗣。不久，王莽篡政，西汉灭亡。

㉗「龙漦帝后」二句：据《史记·周本纪》记载：当夏王朝衰落时，有两条神龙降临宫庭中，夏帝把龙的唾涎用木盒藏起来，到周厉王时，木盒开启，龙漦溢出，化为玄鼋流入后宫，一宫女感而有孕，生褒姒。后幽王为其所惑，废太子，西周终于灭亡。漦，涎沫。遽，急速。

㉘冢子：嫡长子。

㉙先帝：指刚死去的唐高宗。

㉚宋微子：微子名启，是殷纣王的庶兄，被封于宋，所以称「宋微子」。

㉛良：确实、真的。

㉜袁君山：东汉时人桓谭，字君山。

㉝宇内：天下。

㉞爰：于是。

㉟百越：通「百粤」。古代越族有百种，故称「百越」。这里指越人所居的偏远的东南沿海。

㊱三河：洛阳附近河东、河内、河南三郡，是当时政治中心所在的中原之地。

㊲玉轴：战车的美称。

㊳海陵：古县名，治所在今江苏省泰州市，地在扬州附近，汉代曾在此置粮仓。

㊴红粟：米因久藏而发酵变成红色。



㊵靡：无，不。

㊶江浦：长江沿岸。浦，水边的平地。

㊷班声：马嘶鸣声。

㊸喑呜、叱咤：发怒时的喝叫声。

㊹公等：诸位。

㊺或协周亲：指身份地位都是皇家的宗室或姻亲。协，相配，相合。周亲，至亲。

㊻膺：承受。

㊼顾命：君王临死时的遗命。

㊽宣室：汉宫中有宣室殿，是皇帝斋戒的地方，汉文帝曾在此召见并咨问贾谊，后借指皇帝郑重召问大臣之处。

㊾一抔之土：语出《史记·张释之传》「假令愚民取长陵（汉高祖陵）一抔土，陛下将何法以加之乎？」这里借指皇帝的陵墓。

㊿六尺之孤：指继承皇位的新君。

(51)安在：有本作「何托」。

(52)傥：通「倘」，倘若，或者。

(53)送往事居：送走死去的，侍奉在生的。往，死者，指高宗。居，在生者，指中宗。

(54)勤王：指臣下起兵救援王室。

55 旧君：指已死的皇帝，一作『大君』，义近。

56 同指山河：语出《史记》，汉初大封功臣，誓词云：『使河如带，泰山若厉。国以永宁，爰及苗裔。』这里意为有功者授予爵位，子孙永享，可以指山河为誓。

57 穷城：指孤立无援的城邑。

58 昧：不分明。

59 贻：遗下，留下。

**点评**

这篇檄文立论严正，先声夺人，将武则天置于被告席上，列数其罪；然后力陈徐敬业的身世和地位，起兵讨伐武则天的正义性和所占有的优势，以借此宣告天下，最后以『试看今日之域中，竟是谁家之天下』作结，笔力雄健，行文流畅，力透纸背，不仅在当时起到了很大的宣传鼓动作用，其文学价值也一向为后人所尊奉。

据《新唐书》所载，武则天初观此文时，还嬉笑自若，当读到『一抔之土未干，六尺之孤何托』句时，惊问是谁写的，叹道：『有如此才，而使之沦落不偶，宰相之过也！』可见这篇檄文力量之强了。







## 滕王阁序（王勃）

豫章①故郡，洪都②新府。星分翼轸③，地接衡庐④。襟三江⑤而带五湖，控蛮荆⑥而引瓯越⑦。物华天宝，龙光射牛斗之墟⑧；人杰地灵，徐孺下陈蕃之榻⑨。雄州雾列，俊采⑩星驰。台隍枕夷夏之交，宾主尽东南之美。都督⑪阎公之雅望，棨戟⑫遥临；宇文新州⑬之懿范，襜帷⑭暂驻。十旬休假⑮，胜友如云；千里逢迎，高朋满座。腾蛟起凤⑯，孟学士之词宗；紫电青霜⑰，王将军之武库。家君作宰，路出名区，童子何知，躬逢胜饯。

时维九月，序属三秋⑱。潦水尽而寒潭清，烟光凝而暮山紫。俨骖騑于上路，访风景于崇阿。临帝子之长洲，得天人之旧馆⑲。层台耸翠，上出重霄；飞阁翔丹，下临无地。鹤汀凫渚，穷岛屿之萦回；桂殿兰宫，即冈峦之体势。披绣闼，俯雕甍：山原旷其盈视，川泽纡其骇瞩。闾阎⑳扑地，钟鸣鼎食之家；舸舰迷津，青雀黄龙㉑之轴。云销雨霁，彩彻区明。落霞与孤鹜齐飞，秋水共长天一色。渔舟唱晚，响穷彭蠡㉒之滨；雁阵惊寒，声断衡阳㉓之浦。

遥襟甫畅，逸兴遄飞。爽籁㉔发而清风生，纤歌凝而白云遏㉕。睢园㉖绿竹，气凌彭泽之樽；邺水㉗朱华，光照临川之笔㉘。四美㉙具，二难并。穷睇眄于中天，极娱游于暇日。天高地迥，觉宇宙之无穷；兴尽悲来，识盈虚之有数。望长安于日下，目吴会㉚于云间㉛。地势极而南溟深，天柱㉜高而北辰远。关山难越，谁悲失路之人；沟水相逢，尽是他乡之客。怀帝阍㉝而不见，奉宣室以何年㉞。嗟乎！时运不齐，命途多舛；冯唐易老㉟，李广难封㊱。屈贾谊于长沙㊲，非无圣主；窜梁鸿㊳于海曲，岂乏明时。所赖君子见机㊴，达人知命㊵。老当益壮㊶，宁移白首之心；穷且益坚，不坠青云之志㊷。酌贪泉㊸而觉爽，处涸辙㊹而相欢。

北海虽赊，扶摇可接；东隅[45]已逝，桑榆[46]非晚。孟尝[47]高洁，空余报国之情；阮籍[48]猖狂，岂效穷途之哭！

勃三尺微命，一介书生。无路请缨，等终军[49]之弱冠[50]；有怀投笔[51]，慕宗悫[52]之长风[51]。舍簪笏[53]于百龄，奉晨昏于万里。非谢家之宝树[54]，接孟氏之芳邻[55]。他日趋庭，叨陪鲤[56]对；今兹捧袂[57]，喜托龙门。杨意不逢，抚凌云而自惜[58]；钟期相遇，奏流水以何惭[59]。呜呼！胜地不常，盛筵难再；兰亭[60]已矣，梓泽[61]丘墟。临别赠言，幸承恩于伟饯；登高作赋，是所望于群公。敢竭鄙怀，恭疏短引；一言均赋，四韵俱成。请洒潘江，各倾陆海云尔[62]。

注释

①豫章：滕王阁在今江西省南昌市。南昌，为汉豫章郡治。

②洪都：汉豫章郡，唐改为洪州，设都督府。

③星分翼轸：古人习惯以天上星宿与地上区域对应，称为『某地在某星之分野』。据《晋书·天文志》，豫章属吴地，吴越扬州当牛斗二星的分野，与翼轸二星相邻。翼、轸，星宿名，属二十八宿。

④衡庐：衡，衡山，此代指衡州（治所在今湖南省衡阳市）。庐，庐山，此代指江州（治所在今江西省九江市）。

⑤三江：泛指长江中下游的江河。

⑥蛮荆：古楚地，今湖北、湖南一带。

⑦瓯越：古越地，即今浙江地区。古东越王建都于东瓯（今浙江省永嘉县）。

⑧物华二句：据《晋书·张华传》，晋初，牛、斗二星之间常有紫气照射，据说是宝剑之精，上彻于天。张华命人寻找，果然在丰城（今江西省丰城县，古属豫章郡）牢狱的地下，掘出龙泉、太阿二剑。后这对宝剑入水化为双龙。

⑨徐孺句：据《后汉书·徐稚传》，东汉名士陈蕃为豫章太守，不接宾客，惟徐稚来访时，才设一睡榻，徐稚去后又悬置起来。徐孺，徐孺子的省称。徐孺子名稚，东汉豫章南昌人，当时隐士。

⑩采：通『寀』，官吏。

⑪都督：掌管督察诸州军事的官员，唐代分上、中、下三等。

⑫棨戟：外有赤黑色缯作套的木戟，古代大官出行时用。这里代指仪仗。

⑬宇文新州：复姓宇文的新州（在今广东境内）刺史，名未详。

⑭襜帷：车上的帷幕，这里代指车马。

⑮十旬休假：唐制，十日为一旬，遇旬日则官员休沐，称为『旬休』。假，通『暇』，空闲。

⑯腾蛟起凤：《西京杂记》『董仲舒梦蛟龙入怀，乃作《春秋繁露》。』又『扬雄著《太玄经》，梦吐凤凰集《玄》之上，顷而灭。』

⑰紫电青霜：《古今注》『吴大皇帝（孙权）有宝剑六，二曰紫电。』《西京杂记》『高祖（刘邦）斩白蛇剑，刃上常带霜雪。』

⑱三秋：古人称七、八、九月为孟秋、仲秋、季秋。三秋即季秋，九月。

⑲帝子、天人：都指滕王李元婴。

⑳ 闾阎：里门，这里代指房屋。
㉑ 青雀黄龙：船的装饰形状。
㉒ 彭蠡：古大泽名，即今鄱阳湖。
㉓ 衡阳：今属湖南省，境内有回雁峰，相传秋雁到此就不再南飞，待春而返。
㉔ 爽籁：管子参差不齐的排箫。
㉕ 白云遏：形容音响优美，能驻行云。
㉖ 睢园：即汉梁孝王菟园。
㉗ 邺水：在邺下（今河北省临漳县）。邺下是曹魏兴起的地方。
㉘ 光照句：临川，郡名，治所在今江西省抚州市。这里指代谢灵运。谢曾任临川内史。
㉙ 四美：指良辰、美景、赏心、乐事。
㉚ 吴会：吴郡，治所在今江苏省苏州市。
㉛ 云间：江苏松江县（古华亭）的古称。
㉜ 天柱：《神异经》「昆仑之山，有铜柱焉。其高入天，所谓天柱也。」
㉝ 帝阍：天帝的守门人。
㉞ 奉宣室句：贾谊迁谪长沙四年后，汉文帝复召他回长安，于宣室中问鬼神之事。



㉟ 冯唐易老：《史记·冯唐列传》「武帝立，求贤良，举冯唐。唐时年九十余，不能复为官。」
㊱ 李广难封：李广，汉武帝时名将，多次与匈奴作战，军功卓著，却始终未获封爵。
㊲ 屈贾谊句：贾谊在汉文帝时被贬为长沙王太傅。
㊳ 梁鸿：东汉人，因得罪章帝，避居齐鲁、吴中。
㊴ 君子见机：《易·系辞下》「君子见几（机）而作。」
㊵ 达人知命：《易·系辞上》「乐天知命故不忧。」
㊶ 老当益壮：《后汉书·马援传》「丈夫为志，穷当益坚，老当益壮。」
㊷ 青云之志：《续逸民传》「嵇康早有青云之志。」
㊸ 贪泉：在广州附近的石门，传说饮此水会贪得无厌。
㊹ 涸辙：比喻困厄的处境。
㊺ 东隅：日出处，表示早晨。
㊻ 桑榆：日落处，表示傍晚。
㊼ 孟尝：字伯周，东汉会稽上虞人。曾任合浦太守，以廉洁奉公著称，后因病隐居。桓帝时，虽有人屡次荐举，终不见用。
㊽ 阮籍二句：阮籍，字嗣宗，晋代名士。
㊾ 终军：字子云，汉代济南人。武帝时出使南越，自请「愿受长缨，必羁南越王而致之阙下」，时仅二十余岁。

㊿ 弱冠：古人二十岁行冠礼，表示成年，称「弱冠」。

51 投笔：汉班超投笔从戎。

52 宗悫：字元干，南朝宋南阳人，年少时向叔父自述志向，云「愿乘长风破万里浪」。

53 簪笏：冠簪、手版。官吏用物，这里代指官职地位。

54 非谢家句：《世说新语·言语》「谢太傅（安）问诸子侄「子弟亦何预人事，而正欲使其佳？」诸人莫有言者。车骑（谢玄）答曰：「譬如芝兰玉树，欲使其生于庭阶耳。」」

55 接孟氏句：据说孟轲的母亲为教育儿子而三迁择邻，最后定居于学宫附近。

56 鲤：孔鲤，孔子之子。

57 捧袂：举起双袖，表示恭敬的姿势。

58 杨意二句：司马相如经蜀人杨得意引荐，方能入朝见汉武帝。杨意，杨得意的省称。凌云，指司马相如作《大人赋》。

59 钟期二句：《列子·汤问》「伯牙善鼓琴，钟子期善听。伯牙鼓琴……志在流水，钟子期曰：「善哉！洋洋兮若江河。」」钟期：钟子期的省称。

60 兰亭：在今浙江省绍兴市附近。晋穆帝永和九年（三五三）三月三日上巳节，王羲之与群贤宴集于此，行修禊礼，祓除不祥。

61 梓泽：即晋石崇的金谷园，故址在今河南省洛阳市西北。

62 请洒二句：钟嵘《诗品》「陆（机）才如海，潘（岳）才如江。」



**点评**

这是一篇用骈体写成的诗序。文章的中心事件是滕王阁宴会，但文章的重心不是饯宴，而是以写景为铺垫的抒情。作者从叙写洪州的形胜入手，极尽铺陈渲染之能事，把宴会盛况，滕王阁内外上下的景物描写得淋漓尽致。然而王勃并非为游山玩水而来，他只是路过此地，被这里的山光水色所吸引，因而很容易触景生情，从宴游盛会的聚散联想到人生的穷通离合，从天高地迥、宇宙无垠想到人生短促、万事万物的变化都有定数，禁不住「兴尽悲来」，感慨万千。

本文笔力明快，风格清新，气势浩荡，堪称典范之作。据说滕王阁修成时，阎公大会宾客，想让其婿吴子章作序以彰其名，不料在假意谦让时，王勃却提笔就作。阎公让专人伺其下笔。初闻「豫章故郡，洪都新府」，阎公觉得「亦是老生常谈」；接下来「台隍枕夷夏之郊，宾主尽东南之美」，公闻之，沉吟不言；及至「落霞与孤鹜齐飞，秋水共长天一色」一句，乃大惊：「此真天才，当垂不朽矣！」出立于勃侧而观，遂亟请宴所，极欢而罢。

## 与韩荆州书（李白）

白闻天下谈士①相聚而言曰：「生不用封万户侯②，但愿一识韩荆州。」何令人之景慕③，一至于此耶！岂不以有周公之风，躬吐握④之事，使海内豪俊，奔走而归之，一登龙门⑤，则声价十倍！所以龙蟠凤逸⑥之士，皆欲收名定价于君侯。愿君侯不以富贵而骄之、寒贱而忽之，则三千之中有毛遂⑦，使白得颖脱而出，即其人焉。

白，陇西⑧布衣，流落楚、汉。十五好剑术，遍干⑨诸侯。三十成文章，历抵卿相。虽长不满七尺，而心雄万夫。皆王公大人许与气义。此畴曩⑩心迹，安敢不尽于君侯哉！君侯制作侔⑪神明，德行动天地，笔参造化⑫，学究天人。幸愿开张心颜，不以长揖⑬见拒。必若接之以高宴，纵之以清谈⑭，请日试万言，倚马可待⑮。今天下以君侯为文章之司命⑯，人物之权衡，一经品题，便作佳士。而君侯何惜阶前盈尺之地⑰，不使白扬眉吐气，激昂青云耶？昔王子师⑱为豫州，未下车即辟荀慈明，既下车又辟孔文举；山涛⑲作冀州，甄拔三十余人，或为侍中、尚书，先代所美。而君侯亦荐一严协律，入为秘书郎，中间崔宗之⑳、房习祖、黎昕、许莹之徒，或以才名见知，或以清白见赏。白每观其衔恩抚躬㉑，忠义奋发，以此感激，知君侯推赤心于诸贤腹中㉒，所以不归他人，而愿委身国士㉓。傥㉔急难有用，敢效微躯。

且人非尧舜，谁能尽善？白谟猷㉕筹画，安能自矜？至于制作，积成卷轴，则欲尘秽视听㉖。恐雕虫小技㉗，不合大人。若赐观刍荛㉘，请给纸墨，兼之书人，然后退扫闲轩，缮写呈上。庶青萍㉙、结绿㉚，长价于薛㉛、卞㉜之门。幸惟下流㉝，大开奖饰㉞，惟君侯图之。





注释

① 谈士：言谈之士。

② 万户侯：食邑万户的封侯。唐朝封爵已无万户侯之称，此处借指显贵。

③ 景慕：敬仰爱慕。

④ 吐握：吐哺（口中所含食物）握发（头发）。周公自称『我一沐（洗头）三握发，一饭三吐哺，起以待士，犹恐失天下之贤人』（见《史记·鲁世家》），后世因以『吐握』形容礼贤下士。

⑤ 龙门：在今山西河津西北黄河两岸，峭壁对峙，形如阙门。传说江海大鱼能上此门者即化为龙。东汉李膺有高名，当时士人有受其接待者，名为登龙门。

⑥ 龙蟠凤逸：喻贤人在野或屈居下位。

⑦ 毛遂：战国时赵国平原君食客。秦围邯郸，赵王使平原君求救于楚，毛遂请求随同前往，自荐说：『臣乃今日请处囊中耳。使遂早得处囊中，乃颖脱而出，非特其末见而已。』随从至楚，果然说服了楚王，使其同意发兵。平原君于是奉他为上客。

⑧ 陇西：古郡名，始置于秦，治所在狄道（今甘肃临洮）。李白自称十六国时凉武昭王李暠之后，李暠为陇西人。

⑨ 干：干谒，对人有所求而请见。

⑩ 畴曩：往日。

⑪ 侔：相等，齐同。

⑫ 造化：自然的创造化育。

⑬ 长揖：相见时拱手高举自上而下以为礼。

⑭清谈：汉末魏晋以来，士人喜高谈阔论，或评议人物，或探究玄理，称为清谈。

⑮倚马可待：喻文思敏捷。东晋时袁宏随同桓温北征，受命作露布文（檄文、捷书之类），他倚马前而作，手不辍笔，顷刻便成，而文极佳妙。

⑯司命：原为神名，掌管人之寿命。此指判定文章优劣的权威。

⑰惜阶前盈尺之地：意即不在堂前接见我。

⑱王子师：东汉王允，字子师，灵帝时豫州刺史（治所在沛国谯县，今安徽亳县），征召荀爽（字慈明，汉末硕儒）、孔融（字文举，孔子之后，汉末名士）等为从事。

⑲山涛：字巨源，西晋名士，竹林七贤之一。为冀州（今河北高邑西南）刺史时，搜访贤才，甄拔隐屈。

⑳崔宗之：李白好友，开元中入仕，曾为起居郎、尚书礼部员外郎、礼部郎中、右司郎中等职，与孟浩然、杜甫亦曾有交往。

㉑抚躬：犹言抚膺、抚髀，表示慨叹。抚，拍。

㉒推赤心于诸贤腹中：见《后汉书·光武本纪》『萧王（刘秀）推赤心置人腹中。』

㉓国士：国中杰出的人。

㉔傥：同『倘』。

㉕谟猷：谋划，谋略。

㉖尘秽视听：请对方观看自己作品的谦语。

㉗雕虫小技：西汉扬雄称作赋为『童子雕虫篆刻』，『壮夫不为』（见《法言·吾子》）。虫书、刻符为当时学童所习书体，纤巧难工。此处是作者自谦之词。

㉘刍荛：割草为刍，打柴为荛。刍荛指草野之人。也是作者用以谦称自己的作品。

㉙青萍：宝剑名。

㉚结绿：美玉名。

㉛薛：薛烛，古代善相剑者，见《越绝书外传·记宝剑》。

㉜卞：卞和，古代善识玉者，见《韩非子·和氏》。

㉝下流：指地位低的人。

㉞奖饰：奖励称誉。

## 点评

这是李白初见韩时的一封自荐书。文章开头借用天下谈士的话——『生不用封万户侯，但愿一识韩荆州』，赞美韩朝宗谦恭下士，识拔人才。接着毛遂自荐，介绍自己的经历、才能和气节。文章表现了李白『虽长不满七尺，而心雄万夫』的气概和『日试万言，倚马可待』的自负，以及他不卑不亢，『平交王侯』的性格。文章写得气势雄壮，广为传诵。

本文在写作艺术方面的特点是顿挫跌宕，起伏照应。由古及今，以古人喻韩朝宗达三四次之多。渐次道来，而意

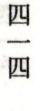

## 吊古战场文（李华）

浩浩①乎平沙无垠，夐②不见人。河水萦带，群山纠纷③。黯④兮惨悴，风悲日曛⑤。蓬⑥断草枯，凛若霜晨。鸟飞不下，兽挺⑦亡群。亭长⑧告予曰：『此古战场也，尝覆三军⑨。往往鬼哭，天阴则闻。』伤心哉！秦欤汉欤？将近代欤？

吾闻夫齐魏⑩徭戍，荆韩召募⑪。万里奔走，连年暴露。沙草晨牧，河冰夜渡。地阔天长，不知归路。寄身锋刃，腷臆谁愬？秦汉而还，多事四夷⑫，中州耗斁⑬，无世无之。古称戎⑭夏，不抗王师⑮。文教⑯失宣，武臣用奇⑰。奇兵⑱有异于仁义，王道⑲迂阔而莫为。呜呼噫嘻！

吾想夫北风振漠，胡兵伺便。主将骄敌，期门⑳受战。野竖旌旗㉑，川回组练㉒。法重心骇，威尊命贱。利镞穿骨，惊沙入面，主客相搏，山川震眩。声析㉓江河，势崩雷电。至若穷阴㉔凝闭，凛冽海隅㉕，积雪没胫，坚冰在须。鸷鸟休巢，征马踟蹰。缯纩㉖无温，堕指裂肤。当此苦寒，天假强胡，凭陵㉗杀气，以相剪屠。径截辎重㉘，横攻士卒。都尉㉙新降，将军复没。尸踣㉚巨港之岸，血满长城之窟。无贵无贱，同为枯骨。可胜㉛言哉！鼓衰兮力竭，矢尽兮弦绝，白刃交兮宝刀折，两军蹙㉜兮生死决。降矣哉，终身夷狄；战矣哉，暴骨沙砾。鸟无声兮山寂寂，夜正长兮风淅淅。魂魄结兮天沉沉，鬼神聚兮云幂幂㉝。日光寒兮草短，月色苦兮霜白。伤心惨目，有如是耶！

吾闻之：牧㉞用赵卒，大破林胡，开地千里，遁逃匈奴。汉倾天下，财殚力痡㉟。任人而已，岂在多乎！





周逐猃狁㊱，北至太原。既城朔方㊲，全师而还。饮至㊳策勋，和乐且闲。穆穆㊴棣棣㊵，君臣之间。秦起长城，竟海为关。荼毒生民，万里朱殷㊶。汉击匈奴，虽得阴山㊷，枕骸遍野，功不补患。

苍苍蒸㊸民，谁无父母？提携捧负，畏其不寿。谁无兄弟？如足如手。谁无夫妇？如宾如友。生也何恩，杀之何咎？其存其没，家莫闻知。人或有言，将信将疑。悁悁㊹心目，寤寐㊺见之。布奠倾觞㊻，哭望天涯。天地为愁，草木凄悲。吊祭不至，精魂㊼无依。必有凶年㊽，人其流离。呜呼噫嘻！时耶命耶？从古如斯！为之奈何？守在四夷㊾。

注释

①浩浩：辽阔的样子。

②夐：远。

③纠纷：重叠交错的样子。

④黯：昏黑。

⑤曛：赤黄色，形容日色昏暗。

⑥蓬：草名，即蓬蒿。秋枯根拔，随风飘转。

⑦挺：通『铤』，疾走的样子。

⑧亭长：秦汉时每十里为一亭，设亭长一人，掌管治安、诉讼等事。唐代在尚书省各部衙门设置亭长，负责城门开关和通报传

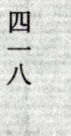

达事务，是流外（不入九品职级）吏职。此借指地方小吏。

⑨三军：周制，天子置六军，诸侯大国可置三军，每军一万二千五百人。此处泛指军队。

⑩齐魏、荆韩：战国七雄中的四个国家。

⑪召募：以钱物招募兵员。徭役和召募，是封建时代的义务兵和雇佣兵。

⑫四夷：四方边境的少数民族。夷，古时对异族的贬称。

⑬耗斁：损耗败坏。

⑭戎：西方少数民族。此泛指少数民族。

⑮王师：帝王的军队。古称帝王之师是应天顺人、吊民伐罪的仁义之师。

⑯文教：指礼乐法度，文章教化。

⑰用奇：使用阴谋诡计。

⑱奇兵：乘敌不备进行突然袭击的部队。

⑲王道：指礼乐仁义等治理天下的准则。迂阔：迂腐空疏。

⑳期门：军营的大门。

㉑旌旗：旗帜的统称。旌，用旄牛尾和彩色鸟羽作竿饰的旗。

㉒组练：即「组甲被练」，战士的衣甲服装。此代指战士。



㉓析：分离，劈开。

㉔穷阴：犹穷冬，极寒之时。

㉕海隅：西北极远之地。

㉖缯纩：缯，丝织品的总称。纩，丝绵。古代尚无棉花，絮衣都用丝绵。

㉗凭陵：凭借，倚仗。

㉘辎重：军用物资的总称。

㉙都尉：官名，此指职位低于将军的武官。

㉚踣：僵仆。

㉛胜：尽。

㉜蹙：迫近，接近。

㉝幂幂：深浓阴暗。

㉞牧：李牧，战国末赵国良将，守雁门（今山西北部），大破匈奴的入侵，击败东胡，降服林胡（均为匈奴所属的部族）。其后十余年，匈奴不敢靠近赵国边境。

㉟痡：劳倦，病苦。汉武帝时，多次大举征伐匈奴及大宛、西羌、南越，以至「赋税既竭，犹不足以奉战士」、「天下虚耗」，甚至「人复相食」。见《史记・平准书》《汉书・食货志》。

㊱猃狁：也作『荤粥』『獯鬻』『薰育』『荤允』等，古代北方的少数民族，即匈奴的前身。周宣王时，猃狁南侵，宣王命尹吉甫统军抗击，逐至太原（今宁夏固原县北），不再穷追。

㊲朔方：北方。

㊳饮至：古代盟会、征伐归来后，告祭于宗庙，举行宴饮，称为『饮至』。

㊴穆穆：端庄盛美，恭敬谨肃的样子，多用以形容天子的仪表。

㊵棣棣：文雅安和的样子。

㊶殷：赤黑色。

㊷阴山：在今内蒙古中部，西起河套，东接内兴安岭，原为匈奴南部屏障，匈奴常由此以侵汉。汉武帝时，为卫青、霍去病统军夺取，汉军损失亦惨重。

㊸蒸：通『烝』，众，多。

㊹悁悁：忧愁郁闷的样子。

㊺寤寐：梦寐。

㊻布奠倾觞：把酒倒在地上以祭奠死者。布，陈列。奠，设酒食以祭祀。

㊼精魂：精气灵魂。古时认为人死后，其精气灵魂能够离开身体而存在。

㊽凶年：荒年。此处不仅指自然灾荒。



㊾守在四夷：语出《左传》昭公二十三年『古者天子，守在四夷。』

**点评**

本文是李华『极思研推』的力作。唐玄宗开元后期，骄侈昏庸，好战喜功，边将经常背信弃义，使用阴谋，挑起对边境少数民族的战争，以邀功求赏，造成『夷夏』之间矛盾加深，战祸不断，士兵伤亡惨重。如天宝八年（七四九）哥舒翰攻吐蕃石堡城，唐军战死数万；十年（七五一）安禄山率兵六万进攻契丹，全军覆没。本文以凭吊古战场起兴，中心是主张实行王道，以仁德礼义悦服远人，达到天下一统。

《吊古战场文》名为『吊古』，实是讽今。全文以『古战场』为抒情的基点，以『伤心哉』为连缀全篇的感情主线，以远戍的苦况、两军厮杀的惨状、得人与否的对比、士卒家属吊祭的悲怆为结构层次，层层铺叙，愈转愈深，结末点出主旨。结构紧凑，一气呵成。虽用骈文形式，但文字流畅，情景交融，主题鲜明，寓意深切，不愧为古今传诵的名篇。

## 陋室铭①（刘禹锡）

山不在②高，有仙则名③。水不在深，有龙则灵④。斯是陋室⑤，惟吾德馨⑥。苔痕上阶绿，草色入帘青⑦。谈笑有鸿儒⑧，往来无白丁⑨。可以调素琴⑩，阅金经⑪。无丝竹⑫之⑬乱耳⑭，无案牍⑮之劳形⑯。南阳⑰诸葛庐，西蜀子云⑱亭，孔子云⑲：何陋之有⑳？

注释

① 铭：古代刻在器物上用来警戒自己或称述功德的文字，叫「铭」，后来就成为一种文体。
② 在：在于。
③ 名：出名，著名。
④ 灵：神奇，灵异。
⑤ 斯是陋室：这是简陋的屋子。这里指作者自己的屋子。
⑥ 惟吾德馨：只因为我（住屋的人）的品德高尚（就不感到简陋了）。馨，散布很远的香气，这里指（品德）高尚。
⑦ 苔痕上阶绿，草色入帘青：苔痕碧绿，长到阶上；草色青葱，映入帘里。上，长到。入，映入。
⑧ 鸿儒：大儒，这里指博学的人。鸿，同「洪」，大。儒，旧指读书人。
⑨ 白丁：平民。这里指没有什么学问的人。
⑩ 调素琴：弹奏不加装饰的琴。调，调弄，这里指弹（琴）。素琴，不加装饰的琴。
⑪ 金经：装饰精美的经典。
⑫ 丝竹：琴瑟、箫管等乐器的总称，「丝」指弦乐器，「竹」指管乐器。
⑬ 之：语气助词。
⑭ 乱耳：扰乱双耳。乱，使……乱，扰乱。





⑮ 案牍：（官府的）公文，文书。
⑯ 劳形：使身体劳累。劳，使……劳累。形，形体、身体。
⑰ 南阳：地名，今河南省南阳市西。诸葛亮在出山之前，曾在南阳卧龙岗中隐居躬耕。
⑱ 子云：扬雄，字子云，西汉时文学家，蜀郡成都人。
⑲ 孔子云：孔子说。
⑳ 何陋之有：有什么简陋的呢？这句话见于《论语·子罕》篇：「君子居之，何陋之有？」

点评

这篇不足百字的室铭，含而不露地表现了作者安贫乐道、洁身自好的高雅志趣和不与世事沉浮的独立人格。它向人们揭示了这样一个道理：尽管居室简陋、物质匮乏，但只要居室主人品德高尚、生活充实，那就会满屋生香，处处可见雅趣逸志，自有一种超越物质的神奇精神力量。

本文开头四句既是比，又是兴，言山水引出陋室，言仙、龙引出德馨，言名、灵暗喻陋室不陋。用诸葛庐、子云亭类比陋室，表达了作者政治、文学的两大理想，最后引孔子的话作结又暗含「君子居之」的深意。其次，大量运用了排比、对偶的修辞手法，排比句能造成一种磅礴的文势，如开头几句排比，使全篇文气畅通，确立了一种骈体文的格局。对偶句易形成内容的起伏跌宕，如中间的六句对偶，既有描写又有叙述，言简意丰，节奏感强。总之，这是一篇思想性和艺术性都很高的佳作，所以能传诵不衰，脍炙人口。

## 阿房宫赋（杜牧）

六王毕①，四海一②，蜀山兀，阿房出③。覆压三百余里④，隔离天日⑤。骊山北构而西折，直走咸阳⑥。二川溶溶⑦，流入宫墙。五步一楼，十步一阁。廊腰缦回⑧，檐牙高啄⑨。各抱地势⑩，钩心斗角⑪。盘盘焉，囷囷焉，蜂房水涡⑫，矗不知乎几千万落⑬。长桥卧波，未云何龙⑭？复道⑮行空，不霁何虹？高低冥迷⑯，不知东西。歌台暖响，春光融融⑰。舞殿冷袖，风雨凄凄⑱。一日之内，一宫之间，而气候不齐。

妃嫔媵嫱⑲，王子皇孙，辞楼下殿，辇来于秦⑳。朝歌夜弦，为秦宫人。明星荧荧，开妆镜也㉑。绿云扰扰，梳晓鬟也。渭流涨腻㉒，弃脂水也。烟斜雾横，焚椒兰㉓也。雷霆乍惊，宫车过也。辘辘远听㉔，杳㉕不知其所之也。一肌一容㉖，尽态极妍，缦立㉗远视，而望幸㉘焉。有不得见者，三十六年㉙。燕赵之收藏㉚，韩魏之经营，齐楚之精英，几世几年，剽掠其人㉛，倚叠㉜如山。一旦不能有，输来其间。鼎铛玉石，金块珠砾㉝，弃掷逦迤㉞，秦人视之，亦不甚惜。

嗟乎！一人之心㉟，千万人之心也。秦爱纷奢，人亦念其家。奈何㊱取之尽锱铢㊲，用之如泥沙？使负栋㊳之柱，多于南亩之农夫。架梁之椽，多于机上之工女。钉头磷磷㊴，多于在庾㊵之粟粒。瓦缝参差，多于周身之帛缕。直栏横槛，多于九土㊶之城郭。管弦呕哑，多于市人之言语。使天下之人，不敢言而敢怒。独夫㊷之心，日益骄固㊸。戍卒叫㊹，函谷举㊺，楚人一炬㊻，可怜焦土！

呜呼！灭六国者六国也，非秦也。族秦者秦也，非天下也。嗟乎！使㊼六国各爱其人，则足以拒秦。使秦复爱六国之人，则递㊽三世可至万世㊾而为君，谁得而族㊿灭也？秦人不暇(51)自哀，而后人哀之。后人哀之而不鉴之，亦使后人而复哀(52)后人也。





注释

① 六王毕：六国灭亡了。齐、楚、燕、韩、赵、魏六国的国王，即指六国。毕，完结，指为秦国所灭。

② 一：统一。

③ 蜀山兀，阿房出：四川的山光秃了，阿房宫出现了。蜀，四川。兀，山高而上平。这里形容山上树木已被砍伐净尽。出，出现，意思是建成。

④ 覆压三百余里：（从临潼到咸阳）覆盖了三百多里地。这是形容宫殿楼阁接连不断，占地极广。覆压，覆盖。

⑤ 隔离天日：遮蔽了天日。这是形容宫殿楼阁的高大。

⑥ 骊山北构而西折，直走咸阳：（阿房宫）从骊山北边建起，折而向西，一直通到咸阳。走，趋向。

⑦ 二川溶溶：二川，指渭水和樊川。溶溶，河水缓流的样子。

⑧ 廊腰缦回：走廊长而曲折。廊腰，连接高大建筑物的走廊，好像人的腰部，所以这样说。缦，萦绕。回，曲折。

⑨ 檐牙高啄：（突起的）屋檐（像鸟嘴）向上撅起。檐牙，屋檐突起，犹如牙齿。

⑩ 各抱地势：各随地形。这是写楼阁各随地势的高下向背而建筑的状态。

⑪ 钩心斗角：指宫室结构的参差错落，精巧工致。钩心，指各种建筑物都向中心区攒聚。斗角，指屋角互相对峙。

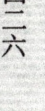

⑫盘盘焉，囷囷焉，蜂房水涡：盘旋，屈曲，像蜂房，像水涡。楼阁依山而筑，所以说像蜂房，像水涡。盘盘，盘旋的样子。囷囷，屈曲的样子，曲折回旋的样子。

⑬矗不知其几千万落：矗立着不知它们有几千万座。矗，形容建筑物高高耸立的样子。落，相当于「座」或者「所」。

⑭长桥卧波，未云何龙：长桥卧在水上，没有云怎么（出现了）龙？《易经》有「云从龙」的话，所以人们认为有龙就应该有云。

⑮复道：在楼阁之间架木筑成的通道。因上下都有通道，叫做复道。

⑯冥迷：分辨不清。

⑰歌台暖响，春光融融：人们在台上唱歌，歌乐声响起来，如同春光那样融和。融融，和乐。

⑱舞殿冷袖，风雨凄凄：人们在殿中舞蹈，舞袖飘拂，好像带来寒气，如同风雨交加那样凄冷。

⑲妃嫔媵嫱：统指六国王侯的宫妃。妃的等级比嫔、嫱高。媵是陪嫁的侍女，也可成为嫔、嫱。

⑳辞楼下殿，辇来于秦：辞别（六国的）楼阁宫殿，乘辇车来到秦国。

㉑明星荧荧，开妆镜也：（光如）明星闪亮，是（宫人）打开梳妆的镜子。荧荧，明亮的样子。

㉒涨腻：涨起了（一层）脂膏（含有胭脂、香粉的洗脸的「脂水」）。

㉓椒兰：两种香料植物，焚烧以熏衣物。

㉔辘辘远听：车声越听越远。辘辘，车行的声音。

㉕杳：遥远得踪迹全无。



㉖一肌一容，尽态极妍：任何一部分肌肤，任何一种姿容，都娇媚极了。态，指姿态的美好。妍，美丽。

㉗缦立：久立。缦，通「慢」。

㉘幸：封建时代皇帝到某处，叫「幸」。妃、嫔受皇帝宠爱，叫「得幸」。

㉙三十六年：秦始皇在位共三十六年。形容阿房宫很大，有三十六年都没有见到皇帝的宫女。

㉚收藏：指收藏的金玉珍宝等物。下文的「经营」「精英」也指金玉珍宝等物。

㉛摽掠其人：从人民那里抢来。摽，抢劫，掠夺。人，民。唐避唐太宗李世民讳，改民为人。下文「人亦念其家」「六国各爱其人」「秦复爱六国之人」的「人」，与此相同。

㉜倚叠：积累。

㉝鼎铛玉石，金块珠砾：把宝鼎看作铁锅，把美玉看作石头，把黄金看作土块，把珍珠看作石子。铛，平底的浅锅。

㉞逦迤：连续不断。这里有「连接着」「到处都是」的意思。

㉟心：心意，意愿。

㊱奈何：怎么，为什么。

㊲锱铢：古代重量名，一锱等于六铢，一铢约等于后来的一两的二十四分之一。锱、铢连用，极言其细微。

㊳负栋之柱：承担栋梁的柱子。

㊴磷磷：水中石头突立的样子。这里形容突出的钉头。

㊵庚：露天的谷仓。

㊶九土：九州。

㊷独夫：失去人心而极端孤立的统治者。这里指秦始皇。

㊸固：顽固。

㊹戍卒叫：指陈胜、吴广起义。

㊺函谷举：刘邦于公元前二〇六年率军先入咸阳，推翻秦朝统治，并派兵守函谷关。举，被攻占。

㊻楚人一炬：指项羽（楚将项燕的后代）也于公元前二〇六年入咸阳，并焚烧秦的宫殿，大火三月不灭。

㊼使：假使。

㊽递：传递，这里指王位顺着次序传下去。

㊾万世：秦始皇统一六国后，下诏曰：『朕为始皇帝，后世以计数，二世，三世至于万世，传之无穷。』然而秦朝仅传二世便亡。

㊿族：使……灭族。

(51)不暇：来不及。

(52)哀：哀叹。

**点评**

《阿房宫赋》是唐代著名诗人杜牧创作的一篇借古讽今的赋体散文。杜牧通过描写阿房宫的兴建及其毁灭，生动形象地总结了秦朝统治者骄奢亡国的历史经验，向唐朝统治者发出了警告，表现出一个封建时代正直文人忧国忧民、匡世济俗的情怀。

本文前半写阿房宫和宫中的荒淫生活，讲究铺张叙事，重视辞藻押韵，体现了赋的典型特征。后半转入议论，是作者的创新，成为赋的一种变体。旧《古文观止》编选者吴氏评论说：『前幅极写阿房之瑰丽，不是羡慕其奢华，正以见骄横敛怨之至，而民不堪命也，便伏有不爱六国之人意在。所以一炬之后回视向来瑰丽，亦复何有！以下因尽情痛悼之，为隋广、叔宝等人炯戒，尤有关治体。不若《上林》、《子虚》，徒逢君之过也。』



## 原道（韩愈）

博爱之谓仁，行而宜①之之谓义，由是而之②焉之谓道，足乎己而无待于外之谓德。仁与义为定名，道与德为虚位。故道有君子小人，而德有凶有吉。老子之小仁义，非毁之也，其见者小也。坐井而观天，曰天小者，非天小也。彼以煦煦③为仁，孑孑④为义，其小之也则宜。其所谓道，道其所道，非吾所谓道也。其所谓德，德其所德，非吾所谓德也。凡吾所谓道德云者，合仁与义言之也，天下之公言也。老子之所谓道德云者，去仁与义言之也，一人之私言也。

周道衰，孔子没，火于秦，黄老⑤于汉，佛于晋、魏、梁、隋之间。其言道德仁义者，不入于杨则归于墨⑥，不入于老则归于佛。入于彼，必出于此。入者主之，出者奴之；入者附之，出者污⑦之。噫！

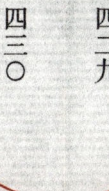

后之人其欲闻仁义道德之说，孰从而听之？老者曰：『孔子，吾师之弟子也。』为孔子者，习闻其说，乐其诞而自小⑧也，亦曰『吾师亦尝师⑨之』云尔。不惟举之于口，而又笔之于其书。噫！后之人虽欲闻仁义道德之说，其孰从而求之？

甚矣，人之好怪也，不求其端，不讯其末，惟怪之欲闻。古之为民者四⑩，今之为民者六⑪。古之教者处其一，今之教者处其三。农之家一，而食粟之家六。工之家一，而用器之家六。贾之家一，而资⑫焉之家六。奈之何民不穷且盗也？

古之时，人之害多矣。有圣人者立，然后教之以相生相养之道。为之君，为之师。驱其虫蛇禽兽，而处之中土。寒然后为之衣，饥然后为之食。木处而颠，土处而病也，然后为之宫室⑬。为之工以赡其器用，为之贾以通其有无，为之医药以济其夭死，为之葬埋祭祀以长其恩爱，为之礼以次其先后，为之乐以宣其湮郁⑭，为之政以率其怠倦，为之刑以锄其强梗⑮。相欺也，为之符、玺、斗斛、权衡⑯以信之。相夺也，为之城郭甲兵以守之。害至而为之备，患生而为之防。今其言曰：『圣人不死，大盗不止。剖斗折衡，而民不争。』⑰呜呼！其亦不思而已矣。如古之无圣人，人之类灭久矣。何也？无羽毛鳞介以居寒热也，无爪牙以争食也。

是故君者，出令者也；臣者，行君之令而致之民者也；民者，出粟米麻丝，作器皿，通货财，以事其上者也。君不出令，则失其所以为君；臣不行君之令而致之民，则失其所以为臣；民不出粟米麻丝，



作器皿，通货财，以事其上，则诛。今其⑱法曰，必弃而君臣，去而⑲父子，禁而相生相养之道，以求其所谓清净寂灭⑳者。呜呼！其亦幸而出于三代㉑之后，不见黜于禹、汤、文、武、周公、孔子也。其亦不幸而不出于三代之前，不见正于禹、汤、文、武、周公、孔子也。

帝之与王，其号虽殊，其所以为圣一也。夏葛而冬裘，渴饮而饥食，其事虽殊，其所以为智一也。今其㉒言曰：『曷不为太古之无事？』是亦责冬之裘者曰：『曷不为葛之之易也？』责饥之食者曰：『曷不为饮之之易也？』传㉓曰：『古之欲明明德于天下者，先治其国；欲治其国者，先齐其家；欲齐其家者，先修其身；欲修其身者，先正其心；欲正其心者，先诚其意。』然则古之所谓正心而诚意者，将以有为也。今也欲治其心而外天下国家，灭其天常㉔，子焉而不父其父，臣焉而不君其君，民焉而不事其事。孔子之作《春秋》也，诸侯用夷礼则夷㉕之，进㉖于中国则中国之。经曰：『夷狄之有君，不如诸夏之亡㉗。』《诗》曰：『戎狄是膺，荆舒是惩㉘。』今也举夷狄之法，而加之先王之教之上，几何其不胥㉙而为夷也？

夫所谓先王之教者，何也？博爱之谓仁，行而宜之之谓义。由是而之焉之谓道。足乎己无待于外之谓德。其文：《诗》《书》《易》《春秋》；其法：礼、乐、刑、政；其民：士、农、工、贾；其位：君臣、父子、师友、宾主、昆弟、夫妇；其服：麻、丝；其居：宫、室；其食：粟米、果蔬、鱼肉。其为道易明，而其为教易行也。是故以之为己，则顺而祥；以之为人，则爱而公；以之为心，则和而平；以之为天下国家，无所处而不当。是故生则得其情，死则尽其常。郊㉚焉而天神假，庙㉛焉而人鬼飨。曰：『斯道也，何

道也？」曰：「斯吾所谓道也，非向所谓老与佛之道也。尧以是传之舜，舜以是传之禹，禹以是传之汤，汤以是传之文、武、周公，文、武、周公传之孔子，孔子传之孟轲㉜，轲之死，不得其传焉。荀与扬㉝也，择焉而不精，语焉而不详。由周公而上，上而为君，故其事行。由周公而下，下而为臣，故其说长。」然则如之何而可也？曰：「不塞不流，不止不行。人其人，火其书，庐其居㉞。明先王之道以道之，鳏㉟寡孤独废疾者有养也。其亦庶乎其可也㊱！」

注释

① 宜：合宜。《礼记·中庸》「义者，宜也。」

② 之：往。

③ 煦煦：和蔼的样子。这里指小恩小惠。

④ 孑孑：琐屑细小的样子。

⑤ 黄老：汉初道家学派，把传说中的黄帝与老子共同尊为道家始祖。

⑥ 杨：杨朱，战国时哲学家，主张「轻物重生」「为我」。墨：墨翟，战国初年的思想家，主张「兼爱」「薄葬」。《孟子·滕文公下》「天下之言不归杨则归墨。」

⑦ 污：污蔑，诋毁。

⑧ 自小：自己轻视自己。

⑨ 师之：关于孔子曾向老子请教，《史记·老庄申韩列传》及《孔子家语·观周》都有记载。

⑩ 四：指士、农、工、商四类。

⑪ 六：指士、农、工、商，加上和尚、道士。

⑫ 资：依靠。

⑬ 宫室：泛指房屋。

⑭ 湮郁：郁闷。

⑮ 强梗：强暴之徒。

⑯ 符、玺、斗斛、权衡：符，古代一种凭证，以竹、木、玉、铜等制成，刻有文字，双方各执一半，合以验真伪。玺，玉制的印章。斗斛，量器。权衡，秤锤及秤杆。

⑰ 以上几句语出《庄子·胠箧》。《老子》也说「绝圣弃智，民利百倍；绝仁弃义，民复孝慈；绝巧弃利，盗贼无有。」

⑱ 其：指佛家。

⑲ 而：尔，你。下同。

⑳ 「清净寂灭」：佛家以离开一切恶行烦扰为清净。

㉑ 三代：指夏、商、周三朝。

㉒ 其：指道家。

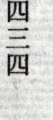

㉓传：解释儒家经典的书称『传』。这里的引文出自《礼记·大学》。
㉔天常：天性。
㉕夷：中国古代汉族对其他民族的通称。
㉖进：同化。
㉗经：指儒家经典。二句出自《论语·八佾》。
㉘引文见《诗经·鲁颂·閟宫》。戎狄：古代西北方的少数民族。膺：攻伐。荆舒：古代指东南方的少数民族。
㉙胥：沦落。
㉚郊：郊祀，祭天。
㉛庙：祭祖。
㉜孟轲：战国时邹（今山东邹县）人。孔子再传弟子，被后来的儒家称为『亚圣』。
㉝荀与扬：荀，荀子，名况，又称荀卿、孙卿。战国末年思想家、教育家。扬，扬雄，字子云，西汉末年文学家、思想家。
㉞其居：指佛寺、道观。
㉟鳏：老而无妻。
㊱庶乎：差不多、大概。



点评

《原道》是韩愈复古崇儒、攘斥佛老的代表作。文中观点鲜明，有破有立，引证今古，从历史发展、社会生活等方面，层层剖析，归结到恢复古道、尊崇儒学的宗旨，在历史上影响很大。

文中回顾了先秦以来杨墨等异端思想侵害儒道，使仁义道德之说趋于混乱的历史，对儒道衰坏的现实深表忧虑。为此，他以上古以来社会历史的发展为证，提出了对后世产生极大影响的道统论，表彰了圣人及其开创的儒道在历史发展中的巨大功绩，论证了儒家社会伦理学说的历史合理性，并以儒家正心诚意、修身齐家、治国平天下的人生理想为对比，批评了置天下国家于不顾的心性修养论的自私和悖理。如陈寅恪先生所说：《原道》是『吾国文化史上最有关系之文字』，因为它把『抽象之心性与具体之政治社会组织可以融会无碍，既尽量谈心说性，兼能济世安民』。

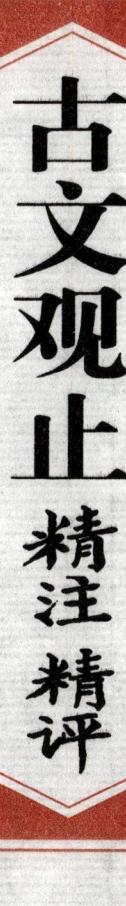

## 原毁（韩愈）

古之君子①，其责②己也重以周，其待人也轻以约。重以周，故不怠；轻以约，故人乐为善。闻古之人有舜者，其为人也，仁义人也。求其所以为舜者，责于己曰：『彼，人也；予③，人也。彼能是，而我乃不能是！』早夜以思，去④其不如舜者，就其如舜者。闻古之人有周公者，其为人也，多才与艺人也。求其所以为周公者，责于己曰：『彼，人也；予，人也。彼能是，而我乃不能是！』早夜以思，去其不如周公者，就其如周公者。舜，大圣人也，后世无及焉；周公，大圣人也，后世无及焉。是人[5]也，乃曰：『不如舜，不如周公，吾之病也。』是不亦责于身者重以周乎！其于人也，曰：『彼人也，能有是，是足为良人矣；能善是，是足为艺人[6]矣。』取其一，不责其二；即其新，不究其旧：恐恐然惟惧其人之不得为善之利。一善易修也，一艺易能也，其于人也，乃曰：『能有是，是亦足矣。』曰：『能善是，是亦足矣。』不亦待于人者轻以约乎？

今之君子则不然。其责人也详，其待己也廉[7]。详，故人难于为善；廉，故自取也少[8]。己未有善，曰：『我善是，是亦足矣。』己未有能，曰：『我能是，是亦足矣。』外以欺于人，内以欺于心，未少有得而止矣，不亦待其身者已[9]廉乎？

其于人也，曰：『彼虽能是，其人不足称也；彼虽善是，其用[10]不足称也。』举其一，不计其十；究其旧，不图其新：恐恐然惟惧其人之有闻[11]也。是不亦责于人者已详乎？

夫是之谓不以众人待其身，而以圣人望[12]于人，吾未见其尊己也。

虽然[13]，为是者，有本有原，怠与忌之谓也。怠者不能修，而忌者畏人修。吾尝[14]试之矣，尝试语[15]于众曰：『某良士，某良士。』其应者，必其人之与[16]也；不然，则其所疏远不与同其利者也；不然，则其畏[17]也。不若是，强者必怒于言，懦者必怒于色矣。又尝语于众曰：『某非良士，某非良士。』其不应者，必其人之与也；不然，则其所疏远不与同其利者也；不然，则其畏也。不若是，强者必说于言，懦者必说于色矣。

是故事修[18]而谤兴，德高而毁来。呜呼！士之处此世，而望名誉之光[19]，道德之行，难已！

将有作于上者，得吾说而存之，其国家可几而理[20]欤！

注释

①君子：指旧时贵族阶级士大夫。
②责：要求。
③予：同『余』，我。
④去：离开，抛弃。
⑤是人：指上古之君子。
⑥艺人：有才艺的人。
⑦廉：狭窄，范围小。
⑧少：稍微。
⑨已：太。
⑩用：作用，指才能。
⑪闻：名声，声望。

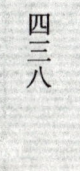

⑫望：期待，要求。

⑬虽然：虽然这样。

⑭尝：曾经。

⑮语：告诉。

⑯与：党与，朋友。

⑰畏：畏惧。指害怕他的人。

⑱修：善，美好。

⑲光：光大，昭著。

⑳理：治理。

## 点评

此文论述和探究毁谤产生的原因。文章先从正面开导，说明一个人应该如何正确对待自己和对待别人才符合君子之德、君子之风，然后从『责己』『待人』两个方面，进行古今对比，指出当时社会风气浇薄，毁谤滋多，并剖析毁谤产生的原因在于『怠』与『忌』。行文严肃而恳切，句式整齐有变化，语言生动形象，刻画入木三分。除重重对比之外，此文还运用了排比手法，使文章往复回环，迂曲生姿，大大增强了表达效果。

## 获麟解（韩愈）

麟①之为灵，昭昭也②。咏于《诗》③，书于《春秋》④，杂出于传记百家之书，虽妇人小子，皆知其为祥⑤也。

然麟之为物，不畜⑥于家，不恒⑦有于天下。其为形也不类⑧，非若马、牛、犬、豕、豺、狼、麋、鹿然。然则虽有麟，不可知其为麟也。角者吾知其为牛，鬣者吾知其为马⑨，犬、豕、豺、狼、麋、鹿吾知其为犬、豕、豺、狼、麋、鹿，惟麟也不可知。不可知，则其谓之不祥也亦宜。

虽然，麟之出，必有圣人在乎位，麟为圣人出也。圣人者必知麟，麟之果不为不祥也。

又曰：麟之所以为麟者，以德不以形。若麟之出不待圣人，则谓之不祥也亦宜。

## 注释

①麟：传说中的兽名。似鹿而大，牛尾，马蹄，有一角。

②昭：明白。

③《诗》：《诗经》，我国最早的一部诗歌总集。其中《国风·周南》中有《麟之趾》一篇。

④《春秋》：《春秋·哀公十四年》记载『西狩于大野……获麟。』，传说孔子作《春秋》，因此绝笔。

⑤祥：吉祥或凶险的预兆，又专指吉兆，引申为吉祥。

⑥畜：养。

⑦恒：常。

⑧不类：不像，不相似。

⑨鬣：某些哺乳动物颈上生长的又长又密的毛。

点评

本文是作者借题自写，以下的龙说、马说也是这样。文章虽短，但有四个转折，矫变不测，如同生龙活虎，可以作为平庸愚钝者的药石。《辑注》说：前以知论麟之祥不祥，说不祥是人的过咎，与麟无关；后以德论麟之祥不祥，说不祥，则是麟的过咎，与人无关。四段归重于末段，人不知麟，我偏责麟。显然是翻案文字，作者用意深远。文章没有无故而作的，必定有感而作，不然就是不病而呻，不哀而泪。作者的为人与作文，真可谓祥麟威风。

## 杂说·龙说①（韩愈）

**龙嘘②气成云，云固弗灵于龙也。然龙乘是气，茫洋穷乎玄间，薄日月，伏③光景④，感震电，神变化⑤，水⑥下土，汩⑦陵谷，云亦灵怪矣哉！**

**云，龙之所能使为灵也；若龙之灵，则非云之所能使为灵也。然龙弗得云，无以⑧神其灵矣。失其所凭依，信⑨不可欤！**

**异哉！其所凭依，乃其所自为也。《易》曰：『云从龙⑩。』既曰龙，云从之矣。**







注释

①龙说：选自《杂说》，为其首篇，题目为编者加。

②嘘：喷吐。龙吹气成云是古代的一种传说。

③伏：遮蔽。

④景：通『影』。

⑤神变化：语出《管子·水地篇》『龙生于水，被五色而游，故神。欲小则化为蚕（蠋），欲大则藏于天下，欲上则凌于云气，欲下则入于深泉，变化无日，上下无时，谓之神。』

⑥水：名词用作动词，下雨。

⑦汩：淹没。

⑧无以：没有可以用来。

⑨信：确实、的确。

⑩云从龙：语出《易·乾·文言》『云从龙，风从虎，圣人作而万物睹。』从，随，跟随。

点评

这篇根据典籍和传说写的杂感，用意很明显：作者以龙喻圣君，以云喻贤臣，说明了圣君与贤臣之间的关系，即圣君是要依靠贤臣建功立业，贤臣又要仰仗圣君的识拔才能荷重行远，如此才能相得益彰。

通篇只就龙与云的关系着笔，从一个『灵』字着眼，所无一句点明本旨，可处处扣题。含蓄而又生动形象的写法，使行文委婉曲折，起伏跌宕，读来意味深远。

## 杂说·马说（韩愈）

世有伯乐①，然后有千里马。千里马常有，而伯乐不常有。故虽有名马，祇辱于奴隶人之手②，骈死于槽枥之间③，不以千里称也。

马之千里者，一食或尽粟一石④。食⑤马者不知其能千里而食也。是马也，虽有千里之能，食不饱，力不足，才美不外见，且欲与常马等不可得，安求其能千里也？

策之不以其⑥道，食之不能尽其材⑦，鸣之而不能通其意，执策而临之，曰：『天下无马！』呜呼！其真无马邪？其真不知马也。

### 注释

① 伯乐：孙阳。春秋时人，擅长相马。现指能够发现人才的人。

② 祇辱于奴隶人之手：也只是在仆役的手下受到屈辱。祇，同『只』，只是。辱，这里指受屈辱而埋没才能。

③ 骈死于槽枥之间：（和普通的马）一同死在槽枥间。骈，两马并驾，引申为一起。骈死，并列而死。

④ 一石：重量单位，一百二十市斤为一石。

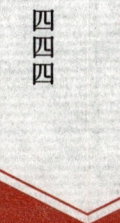



⑤ 食：同『饲』，喂养。

⑥ 策之：鞭打马。策，马鞭，引申为鞭打。这里指鞭策，驾驭。

⑦ 材：通『才』，才能。

### 点评

本文由伯乐相马的故事联想，通篇比喻，在顺接逆转之中，对举而下，层层深入，说明了识才、用才的重大意义。篇末一问一叹，曲折中含无穷不平之意。

本文篇幅虽短小，却『道古而波折自曲，简峻而规模自宏，最有法度，而转换变化处更多』（清张裕钊语），其墨气精光，溢射于尺幅之外，仍有他气盛言顺、力大思雄的一贯特点，所以历来被奉为典范。

## 师 说（韩愈）

古之学者①必有师。师者，所以传道受业解惑也②。人非生而知之者③，孰能无惑？惑而不从师，其为惑也④，终不解矣。生乎吾前⑤，其闻⑥道也固先乎吾，吾从而师之⑦；生乎吾后，其闻道也亦先乎吾，吾从而师之。吾师道也⑧，夫庸知其年之先后生于吾乎⑨？是故⑩无⑪贵无贱，无长无少，道之所存，师之所存也⑫。

嗟乎！师道⑬之不传也久矣！欲人之无惑也难矣！古之圣人，其出人⑭也远矣，犹且⑮从师而问焉；今之众人⑯，其下⑰圣人也亦远矣，而耻学于师⑱。是故圣益圣，愚益愚⑲。圣人之所以为圣，愚人之所以为愚，其皆出于此乎？爱其子，择师而教之；于其身⑳也，则耻师焉，惑矣㉑。彼童子之师㉒，授之书而习其句读㉓者，非吾所谓传其道解其惑者也。句读之不知㉔，惑之不解，或师焉，或不焉㉕，小学而大遗㉖，吾未见其明也。巫医㉗乐师百工㉘之人，不耻相师㉙。士大夫之族㉚，曰师曰弟子云者㉛，则群聚而笑之。问之，则曰：『彼与彼年相若㉜也，道相似也，位卑则足羞，官盛则近谀㉝。』呜呼！师道之不复㉞，可知矣。巫医乐师百工之人，君子㉟不齿㊱，今其智乃㊲反不能及，其可怪也欤㊳！

圣人无常师㊴。孔子师郯子㊵、苌弘㊶、师襄㊷、老聃㊸。郯子之徒㊹，其贤不及孔子。孔子曰：『三人行，则必有我师㊺』。是故弟子不必㊻不如师，师不必贤于弟子。闻道有先后，术业有专攻㊼，如是而已。

李氏子蟠㊽，年十七，好古文，六艺经传皆通习之㊾，不拘于时㊿，学于余。余嘉其能行古道(51)，作《师说》以贻(52)之。







### 注释

①学者：求学的人。

②师者，所以传道受业解惑也：老师，是用来传授道理、交给学业、解释疑难问题的人。道，指儒家之道。受，通『授』，传授。业，泛指古代经、史、诸子之学及古文写作。

③人非生而知之者：人不是生下来就懂得道理。之，指知识和道理。

④其为惑也：他所存在的疑惑。

⑤生乎吾前：即生乎吾前者。

⑥闻：听见，引申为知道，懂得。

⑦从而师之：跟从（他），拜他为老师。师，意动用法，以……为师。

⑧吾师道也：我（是向他）学习道理。师，用做动词。

⑨夫庸知其年之先后生于吾乎：哪里需要知道他的生年是比我早还是比我晚呢？庸，岂，难道。

⑩是故：因此，所以。

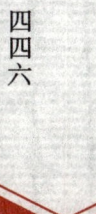

⑪无：无论、不分。

⑫道之所存，师之所存也：道理存在的（地方），就是老师在的（地方）。意思是谁懂得道理，谁就是自己的老师。

⑬师道：从师的风尚。道，这里有风尚的意思。

⑭出人：超出一般人。

⑮犹且：尚且，还。

⑯众人：普通人，一般人。

⑰下：低于，不及。

⑱耻学于师：以从师学习为耻。

⑲是故圣益圣，愚益愚：因此圣人更加圣明，愚人更加愚昧。益，更加、越发。

⑳于其身：对于他自己。身，自身、自己。

㉑惑矣：（真是）糊涂啊！

㉒彼童子之师：那些教小孩子的（启蒙）老师。

㉓授之书而习其句读：教给他书，（帮助他）学习其中的文句。之，指童子。习，使……学习。其，指书。句读，也叫句逗，古人指文辞休止和停顿处。文辞意尽处为句，语意未尽而须停顿处为读（逗）。古代书籍上没有标点，老师教学童读书时要进行句读（逗）的教学。

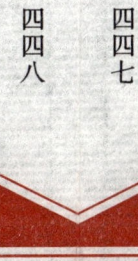



㉔句读之不知：句读不明。与下文「惑之不解」结构相同。之，宾语前置标志。

㉕或师焉，或不焉：有的（指「句读之不知」这样的小事）从师，有的（指「惑之不解」这样的大事）不从师。不，通「否」。

㉖小学而大遗：小的方面倒要学习，大的方面却放弃了。遗，丢弃，放弃。

㉗巫医：古代用祝祷、占卜等迷信方法或兼用药物医治疾病为业的人，连称为巫医。

㉘百工：各种工匠。

㉙相师：拜别人为师。

㉚族：类。

㉛曰师曰弟子云者：称「老师」称「弟子」等等。云者，有「如此如此」的意味。

㉜年相若：年龄差不多。相若，相像，差不多。

㉝位卑则足羞，官盛则近谀：（以）地位低（的人为师），就感到羞耻；（以）官职高（的人为师），就近乎谄媚。足，可，够得上。盛，高，大。谀，阿谀、奉承。

㉞复：恢复。

㉟君子：古代「君子」有两层意思，一是指地位高的人，一是指品德高的人。这里为前一种意思，相当于士大夫。

㊱不齿：不屑与之同列，羞与为伍，意思是看不起。齿，并列、排列。

㊲乃：竟。

㊳其可怪也欤：真是奇怪啊。其，语气副词，表示反问。也欤，虚词连用，语气词，表示疑问或感叹，相当于「啊」。

㊴圣人无常师：圣人没有固定的老师。常，固定的。

㊵郯子：春秋时郯国（今山东郯城北）的国君，孔子曾向他请教过少皞氏（传说中古代帝王）时代的官职名称的由来。

㊶苌弘：东周敬王时候的大夫，孔子曾向他请教古乐。

㊷师襄：春秋时鲁国的乐官，名襄，孔子曾向他学习弹琴。师，乐师。

㊸老聃：即老子，春秋时楚国人，思想家，道家学派创始人。孔子曾向他请教礼仪。

㊹之徒：这些人。

㊺三人行，则必有我师：出自《论语·述而》『子曰：「三人行，必有我师焉。择其善者而从之，其不善者而改之。」』

㊻不必：不一定。

㊼术业有专攻：学问和技艺上（各）自有（各的）专门研究。攻，学习、研究。

㊽李氏子蟠：李蟠，唐德宗贞元十九年（八〇三年）进士。

㊾六艺经传皆通习之：六艺的经文和传文都普遍的学习了。六艺，指六经，即《诗》《书》《礼》《乐》《易》《春秋》六部儒家经典。经，两汉及其以前的散文。传，注解经典的著作。通，普遍。

㊿不拘于时：指没有受到时代风气的影响，不以从师学习为耻。时，时俗，指当时士大夫中耻于从师的不良风气。

(51)余嘉其能行古道：赞许他能遵行古人从师学习的风尚。嘉，赞许，嘉奖。

(52)贻：赠送，赠予。





点评

本文作者运用流利畅达的笔触，通过反复论辩，申明了为师的性质与作用，论述了从师的重要意义与正确原则，批评了当时普遍存在的不重师道的不良习俗，表明任何人都可以作自己的老师，不应因地位贵贱或年龄差别，就不肯虚心学习。文末并以孔子言行作证，申明求师重道是自古已然的做法，时人实不应背弃古道。

此文是为李蟠而作，实际上是借此抨击那些自恃门第高贵、不肯从师学习甚至讥笑别人从师的士大夫阶层，有着鲜明的针砭时弊的作用，表现出非凡的勇气和斗争精神，也表现出作者不顾世俗独抒己见的精神。

## 进学解（韩愈）

国子先生①晨入太学，招诸生立馆下，诲之曰：『业精于勤，荒于嬉；行成于思，毁于随。方今圣贤相逢，治具②毕张。拔去凶邪，登崇畯③良。占小善者率以录，名一艺者无不庸④。爬罗剔抉⑤，刮垢磨光⑥。盖有幸而获选，孰云多而不扬？诸生业患不能精，无患有司之不明；行患不能成，无患有司之不公。』

言未既，有笑于列者曰：『先生欺余哉！弟子事先生，于兹有年矣。先生口不绝吟于六艺⑦之文，手不停披于百家之编⑧。记事者必提其要，纂言者必钩其玄。贪多务得，细大不捐。焚膏油⑨以继晷，恒兀兀以穷年。先生之业，可谓勤矣。

觝排异端⑩，攘斥佛老。补苴⑪罅漏，张皇幽眇。寻坠绪⑫之茫茫，独旁搜而远绍。障百川而东之，回狂澜于既倒。先生之于儒，可谓有劳矣。

沉浸醲郁，含英咀华⑬，作为文章，其书满家。上规姚姒⑭，浑浑无涯；周诰⑮、殷《盘》⑯，佶屈聱牙⑰；《春秋》谨严，《左氏》浮夸；《易》奇而法，《诗》正而葩；下逮《庄》《骚》，太史所录；子云，相如，同工异曲。先生之于文，可谓闳其中而肆其外矣。

少始知学，勇于敢为；长通于方，左右具宜。先生之于为人，可谓成矣。然而公不见信于人，私不见助于友。跋前踬后，动辄得咎。暂为御史，遂窜南夷。三年博士⑱，冗不见治。命与仇谋，取败几时⑲。冬暖而儿号寒，年丰而妻啼饥。头童齿豁，竟死何裨。不知虑此，而反教人为⑳？』

先生曰：『吁㉑，子来前！夫大木为宗，细木为桷，欂栌、侏儒，椳、闑、扂、楔㉒，各得其宜，施以成室者，匠氏之工也。玉札、丹砂，赤箭、青芝㉓，牛溲、马勃㉔，败鼓之皮，俱收并蓄，待用无遗者，医师之良也。登明选公，杂进巧拙，纡余为妍，卓荦为杰，校短量长，惟器是适者，宰相之方也。昔者孟轲好辩㉕，孔道以明，辙环天下，卒老于行。荀卿㉖守正，大论是弘，逃谗于楚，废死兰陵。是二儒者，吐辞为经，举足为法，绝类离伦㉗，优入圣域，其遇于世何如也？今先生学虽勤而不繇㉘其统，言虽多而不要其中，文虽奇而不济于用，行虽修而不显于众。犹且月费俸钱，岁靡㉙廪粟；子不知耕，妇不知织；乘马从徒，安坐而食。踵常途之，窥陈编㉚以盗窃。然而圣主不加诛，宰臣不见斥，兹非其幸欤？动而得谤，名亦随之。投闲置散，乃分之宜。若夫商财贿㉛之有亡，计班资之崇庳，忘己量之所称，指前人㉜之瑕疵，是所谓诘匠氏之不以杙㉝为楹㉞，而訾医师以昌阳㉟引年，欲进其豨苓㊱也。

注释

①国子先生：韩愈自称，当时他任国子博士。唐朝时，国子监是设在京都的最高学府，置博。

②治具：治理的工具，主要指法令。

③畯：通「俊」，才智出众。

④庸：通「用」，采用、录用。

⑤爬罗剔抉：意指仔细搜罗人才。爬罗，爬梳搜罗。剔抉，剔除挑选。

⑥刮垢磨光：刮去污垢，磨出光亮；意指精心造就人才。

⑦六艺：指儒家六经，即《诗》《书》《礼》《乐》《易》《春秋》六部儒家经典。

⑧百家之编：指儒家经典以外各学派的著作。

⑨膏油：油脂，指灯烛。

⑩异端：儒家称儒家以外的学说、学派为异端。

⑪苴：鞋底中垫的草，这里作动词用，是填补的意思。

⑫绪：前人留下的事业，这里指儒家的道统。

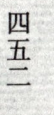

⑬英、华：都是花的意思，这里指文章中的精华。

⑭姚姒：相传虞舜姓姚，夏禹姓姒。

⑮周诰：《尚书·周书》中有《大诰》《康诰》《酒诰》《召诰》《洛诰》等篇。诰是古代一种训诫勉励的文告。

⑯殷《盘》：《尚书》的《商诰》中有《盘庚》上、中、下三篇。

⑰佶屈聱牙：形容不顺口。

⑱三年博士：韩愈在宪宗元和元年（八〇六年）六月至四年任国子博士。

⑲几时：不时，不一定什么时候，也即随时。

⑳为：语助词，表示疑问、反诘。

㉑吁：叹词。

㉒大木为杗，细木为桷，欂栌、侏儒，椳、闑、扂、楔：杗，屋梁。桷，屋椽。欂栌，斗栱，柱顶上承托栋梁的方木。侏儒，梁上短柱。椳，门枢臼。闑，门中央所竖的短木，在两扇门相交处。扂，门闩之类。楔，门两旁长木柱。

㉓玉札、丹砂、赤箭、青兰：四种都是名贵药材。玉札，地榆。丹砂，朱砂。赤箭，天麻。青兰，龙兰。

㉔牛溲、马勃：牛溲，牛尿，一说为车前草。马勃，马屁菌。以上两种及『败鼓之皮』都是贱价药材。

㉕孟轲好辩：《孟子·滕文公下》载，孟子有好辩的名声，他说『予岂好辩哉！予不得已也。』意思说：自己因为捍卫圣道，不得不展开辩论。



㉖荀卿：即荀况，战国后期时儒家代表人物，时人尊称为卿。曾在齐国做祭酒，被人谗毁，逃到楚国。楚国春申君任他做兰陵（今临沂兰陵镇）令。春申君死后，他也被废，死在兰陵，著有《荀子》。

㉗绝类离伦：超出一般人。离、绝，都是超越的意思。伦、类，都是『类』的意思，指一般人。

㉘繇：通『由』。

㉙靡：浪费，消耗。

㉚陈编：古旧的书籍。

㉛财贿：财物，这里指俸禄。

㉜前人：指职位在自己前列的人。

㉝杙：小木桩。

㉞楹：柱子。

㉟昌阳：昌蒲。药材名，相传久服可以长寿。

㊱豨苓：又名猪苓，利尿药。

点评

本文是韩愈任国子博士时所作。文中假托向学生训话，勉励他们在学业、德行方面取得进步，学生提出质问，他再进行解释，故名『进学解』。

文中通过学生之口，形象地突出了自己学习、捍卫儒道以及从事文章写作的努力与成就，有力地衬托了遭遇的不平。作者的解释表面心平气和，字里行间却充满了郁勃的感情，也反映了对社会的批评。全文辞采丰富，音节铿锵，对偶工切，气势奔放，语言流畅，摆脱了汉赋、骈文中常有的艰涩呆板、堆砌辞藻等缺点。许多创造性的语句，如『业精于勤，荒于嬉；行成于思，毁于随』『同工异曲』等语，被后世沿用为成语和名言。

## 圬者王承福传（韩愈）

圬①之为技贱且劳者也。有业之②，其色若自得者。听其言，约③而尽。问之，王其姓，承福其名。世为京兆长安④农夫。天宝之乱⑤，发人为兵。持弓矢十叁年，有官勋⑥，弃之来归。丧其土田，手衣食，镘⑦三十年。舍于市⑧之主人，而归其屋食⑨之当焉。视时⑩屋食之贵贱，而上下其圬之佣以偿之；有余，则以与道路之废疾饿者焉。

又曰：『粟，稼⑪而生者也；若布与帛，必蚕绩而后成者也；其他所以养生之具，皆待人力而后完也；吾皆赖之。然人不可遍为，宜乎各致⑫其能以相生也。故君者，理⑬我所以生者也；而百官者，承君之化⑭者也。任有大小，惟其所能，若器皿焉。食焉而怠其事，必有天殃，故吾不敢一日舍镘以嬉。夫镘易能⑮，可力焉，又诚有功；取其直⑯，虽劳无愧，吾心安焉。夫力⑰易强而有功也；心难强而有智也。用力者使于人，用心者使人，亦其宜也。吾特择其易为无愧者取焉。




『嘻！吾操镘以入富贵之家有年矣。有一至者焉，又往过之，则为墟矣；有再至、三至者焉，而往过之，则为墟矣。问之其邻，或曰：『噫！刑戮也。』或曰：『身既死，而其子孙不能有也。』或曰：『死而归之官也。』吾以是观之，非所谓食焉怠其事，而得天殃⑱者邪？非强心以智而不足，不择其才之称否而冒之者邪？非多行可愧，知其不可而强为之者邪？将富贵难守，薄功而厚飨之者邪？抑丰悴有时，一去一来而不可常者邪？吾之心悯焉，是故择其力之可能者行焉。乐富贵而悲贫贱，我岂异于人哉？』

又曰：『功大者，其所以自奉也博。妻与子，皆养于我者也；吾能薄而功小，不有之可也。又吾所谓劳力者，若立吾家而力不足，则心又劳也。一身而二任焉，虽圣者不可为也。』

愈始闻而惑之，又从而思之，盖所谓『独善其身』者也。然吾有讥焉；谓其自为也过多，其为人也过少。其学杨朱⑲之道者邪？杨之道，不肯拔我一毛而利天下。而夫人以有家为劳心，不肯一动其心以蓄其妻子，其肯劳其心以为人乎哉？虽然，其贤于世者之患不得之，而患失之者，以济其生之欲，贪邪而亡道以丧其身者，其亦远矣！又其言，有可以警余者，故余为之传而自鉴焉。

注释

①圬：粉刷墙壁。

②业之：以此为职业。

③约：简约，简明扼要。

④京兆长安：京兆，原意是地方大而人口多的地方，指京城及其郊区。唐时长安属京兆府，故称京兆长安。

⑤天宝之乱：天宝，唐玄宗（李隆基）年号。天宝十四年（公元七五五年），边将安禄山、史思明起兵叛唐，史称「安史之乱」。玄宗曾命荣王（李琬）为元帅，在京师招募士兵十一万讨伐安禄山。

⑥官勋：官家授给的勋级。唐制，有功劳者授以没有实职的官号，叫勋官。勋官有十二级。

⑦镘：镘子，粉刷墙壁的工具。

⑧市：街市。

⑨屋食：房租和伙食费。

⑩视时：根据当时。

⑪稼：种植。

⑫致：尽。

⑬理：治。因唐高宗名治，唐人避讳，用「理」代「治」。

⑭化：教化。

⑮易能：容易掌握的技能。

⑯直：同「值」，价值，这里指报酬。

⑰力：指干体力活。



⑱天殃：天灾。

⑲杨朱：战国时代哲学家，其哲学以保身缮性为指归。

**点评**

本文表面上是传记体，实际上是借传记展开议论的杂文。它通过一个有官勋却弃官业圬、自食其力的泥瓦匠王承福的口述，提出在封建制度下「各致其能以相生」的主张，和对「独善其身」这种处世态度的评断，反映了韩愈的社会主张和人生哲学。

文中前段略述王承福身世，后段略就王承福言论加以评断，中间大部分是借人物的口替自己说话。论说有理有据，波澜起伏。最后以自鉴作结，实际上是规劝世人，意极含蓄。

## 讳辩（韩愈）

愈与李贺①书，劝贺举进士。贺举进士有名，与贺争名者毁②之，曰贺父名晋肃，贺不举进士为是，劝之举者为非。听者不察也，和而倡之③，同然一辞。皇甫湜④曰：「若不明白，子与贺且得罪。」愈曰：「然。」

律⑤曰：「二名不偏讳⑥。」释之者⑦曰：「谓若言『徵』不称『在』，言『在』不称『徵』⑧是也。」律曰：「不讳嫌名⑨。」释之者曰：「谓若『禹』与『雨』、『丘』与『蓝』之类是也。」今贺父名晋肃，贺举进士，为犯二名律乎？为犯嫌名律乎？父名晋肃，子不得举进士，若父名仁，子不得为人乎？

夫讳始于何时？作法制以教天下者，非周公孔子欤？周公作诗不讳⑩，孔子不偏讳二名，《春秋》不讥不讳嫌名⑪，康王钊之孙，实为昭王⑫。曾参之父名皙，曾子不讳昔⑬。周之时有骐期⑭，汉之时有杜度⑮，此其子宜如何讳？将讳其嫌遂讳其姓乎？将不讳其嫌者乎⑯？汉讳武帝⑰名彻为通，不闻又讳车辙之辙为某字也；讳吕后⑱名雉为野鸡，不闻又讳治天下之治为某字也。今上章及诏，不闻讳浒、势、秉、机⑲也。惟宦官宫妾，乃不敢言谕⑳及机，以为触犯。士君子言语行事，宜何所法守㉑也？今考之于经，质之于律，稽之以国家之典㉒，贺举进士为可邪？为不可邪？

凡事父母，得如曾参，可以无讥㉓矣；作人得如周公、孔子，亦可以止㉔矣。今世之士，不务行曾参、周公、孔子之行㉕，而讳亲之名，则务胜于曾参、周公、孔子，亦见其惑也。夫周公、孔子、曾参卒㉖不可胜，胜周公、孔子、曾参，乃比于宦者宫妾，则是宦者宫妾之孝于其亲，贤于周公、孔子、曾参者邪？



注释

① 李贺：字长吉，唐河南昌谷人，中唐时期重要诗人。

② 毁：毁谤，攻击。

③ 和而倡之：此唱彼和，结成一气。

④ 皇甫湜：字持正，唐宪宗元和年间进士，曾从韩愈学古文。

⑤ 律：这里指《礼记》。

⑥ 二名不偏讳：两个字的名字可以不避讳其中的一个字，即下文所说的「二名律」。

⑦ 释之者：指《礼记》的注释者汉朝人郑玄。

⑧ 言「徵」不称「在」，言「在」不称「徵」：指郑玄对「二名不偏讳」的注释，即「谓二名不一一讳也，孔子之母名征在，言在不言征，言征不言在」。孔子不讳单称。

⑨ 不讳嫌名：谓臣子避讳君父的名讳时，不避讳声音相近的字。郑玄在注释《礼记》「礼不讳嫌名」时说「嫌名，谓声音相近，若禹与雨，邱与丘也。」即下文所说的「嫌名律」。

⑩ 周公作诗不讳：其父文王名昌，其兄武王名发，周公作诗不讳「昌」字、「发」字，《诗经》周颂就有「燕及皇天，克昌厥后」，「骏发尔私，终三十里」等句。

⑪ 《春秋》不讥不讳嫌名：《春秋》不讥讽不避讳声音相近的字。如卫桓公名完，「完」与「桓」同音，属于嫌名，《春秋》不讥。

⑫ 康王钊之孙，实为昭王：周康王，姓姬，名钊，其子周昭王，名瑕，「昭」和「钊」同音，周人不讳；原文「孙」应作「子」。

⑬ 曾参之父名皙，曾子不讳「昔」：曾参，即曾子，春秋时鲁人，孔子的学生，对父亲极为孝顺；其父名点，字皙，也是孔子的学生。《论语》记述曾子的话：「昔者吾友，尝从事于斯矣。」「昔」和「皙」同音，曾子不讳；原文「名」应作「字」。

⑭ 骐期：春秋时楚国人。

⑮ 杜度：汉朝人。骐期、杜度这两个人的姓和名同音，如避讳同音字，连他们的姓也不能说了。

⑯「将……乎？将不……者乎？」：表示选择关系的疑问句，相当于现代汉语的「还是……呢？还是不……的呢？」

⑰汉武帝：姓刘，名彻，当时为避武帝讳，把「彻侯」改为「通侯」等。

⑱吕后：名雉，汉高祖刘邦的皇后，曾临朝称制，当时为避吕后讳，称「雉」为「野鸡」。

⑲浒、势、秉、机：唐太祖名虎，太宗名世民，世祖名昞，玄宗名隆基。「浒」「势」「秉」「机」四个字分别同「虎」、「世」「昞」「基」四个字同音。

⑳谕：唐代宗名豫，「谕」、「豫」二字同音。

㉑法守：效法和遵守。

㉒典：文献典籍。

㉓讥：指责，非难。

㉔止：到顶。

㉕不务行曾参……之行：前一个「行」系动词，实行，学习；后一个「行」系名词，品行，品德。

㉖卒：终于，到底。

**点评**

《讳辩》写作很有特点。以李贺考进士与讳其父名的传说开头，说明其荒谬性，然后征引古文献和圣贤的做法，来详加辩驳。正如吴氏所评论的那样：「前分律、经、典三段，后尾抱前，婉畅显快，反反复复，如大海回风，一波未平，一波复起，尽是设疑两可之辞，待智者自择。此别是一种文法。」







## 争臣论（韩愈）

或问谏议大[1]夫阳城[2]于愈，可以为有道之士乎哉？学广而闻多，不求闻于人也。行古人之道，居于晋之鄙。晋之鄙人，熏[3]其德而善良者几千人。大臣[4]闻而荐之，天子以为谏议大夫。人皆以为华，阳子[5]不色喜。居于位五年矣，视其德，如在野，彼岂以富贵移易其心哉？

愈应之曰：是《易》所谓恒其德贞，而夫子凶者也[6]。恶得为有道之士乎哉？在《易·蛊》之「上九[7]」云：「不事王侯，高尚其事。」《蹇》之「六二」则曰：「王臣蹇蹇，匪躬之故[8]。」夫亦以所居之时不一，而所蹈[9]之德不同也。若《蛊》之「上九」，居无用之地，而致匪躬[10]之节；以《蹇》之「六二」，在王臣之位，而高不事之心，则冒进之患生，旷官[11]之刺兴。志不可则，而尤不终无也。今阳子在位，不为不久矣；闻天下之得失，不为不熟矣；天子待之，不为不加矣。而未尝一言及于政。视政之得失，若越人视秦人之肥瘠[12]，忽焉不加喜戚[13]于其心。问其官，则曰谏议也；问其禄[14]，则曰下大夫之秩秩也；问其政，则曰我不知也。有道之士，固如是乎哉？且吾闻之：有官守者，不得其职则去；有言责者，不得其言则去。今阳子以为得其言乎哉？得其言而不言，与不得其言而不去，无一可者也。阳子将为禄仕乎？古之人有云：「仕不为贫，而有时乎为贫[15]。」谓禄仕者也。宜乎辞尊而居卑，辞富而居贫，若抱关击析⑯者可也。盖孔子尝为委吏⑰矣，尝为乘田⑱矣，亦不敢旷其职，必曰『会计当而已矣』，必曰『牛羊遂而已矣』。若阳子之秩禄，不为卑且贫，章章明⑲矣，而如此，其可乎哉？

或曰：否，非若此也。夫阳子恶讪⑳上者，恶为人臣招其君之过而以为名者。故虽谏且议，使人不得而知焉。《书》曰：『尔有嘉谟㉑嘉猷㉒，则入告尔后于内，尔乃顺之于外，曰：斯谟斯猷，惟我后之德』。若阳子之用心，亦若此者。

愈应之曰：若阳子之用心如此，滋所谓惑者矣。入则谏其君，出不使人知者，大臣宰相者之事，非阳子之所宜行也。夫阳子，本以布衣㉓隐于蓬蒿㉔之下，主上嘉其行谊㉕，擢㉖在此位，官以谏为名，诚宜有以奉其职，使四方后代，知朝廷有直言骨鲠㉗之臣，天子有不僭赏㉘从谏如流㉙之美。庶岩穴之士㉚，闻而慕之，束带结发㉛，愿进于阙下㉜，而伸其辞说，致吾君于尧舜，熙鸿号㉝于无穷也。若《书》所谓，则大臣宰相之事，非阳子之所宜行也。且阳子之心，将使君人者恶闻其过乎？是启之也。

或曰：阳子之不求闻而人闻之，不求用而君用之。不得已而起。守其道而不变，何子过之深也？

愈曰：自古圣人贤士，皆非有求于闻用也。闵㉞其时之不平，人之不义，得其道。不敢独善其身㉟，而必以兼济天下也。孜孜矻矻㊱，死而后已。故禹过家门不入，孔席不暇暖㊲，而墨突不得黔㊳。彼二圣一贤者，岂不知自安佚之为乐哉？诚畏天命而悲人穷也。夫天授人以贤圣才能，岂使自有余而已，诚欲以补其不足者也。耳目之于身也，耳司闻而目司见，听其是非，视其险易，然后身得安焉。圣贤者，时人之耳目也；时人者，圣贤之身也。且阳子之不贤，则将役于贤以奉其上矣；若果贤，则固畏天命㊴而闵人穷也。恶得以自暇逸乎哉？

或曰：吾闻君子不欲加诸人，而恶讦㊵以为直者。若吾子之论，直则直矣，无乃伤于德而费于辞乎？好尽言以招人过，国武子之所以见杀于齐也，吾子其亦闻乎？

愈曰：君子居其位，则思死其官。未得位，则思修其辞以明其道。我将以明道也，非以为直而加人也。且国武子不能得善人，而好尽言于乱国，是以见杀。《传》曰：『惟善人能受尽言。』谓其闻而能改之也。子告我曰：『阳子可以为有道之士也。』今虽不能及已，阳子将不得为善人乎哉？

注释

①谏议大夫：官名，执掌议论政事，对皇帝进行规劝。

②阳城（七三六—八〇五）：原隐居中条山（今山西南部），贞元四年（七八八年），唐德宗召为谏议大夫。《旧唐书·阳城传》载，阳城就任谏议大夫之后，其他谏官纷纷论事，细碎的问题都上达到皇帝那里。阳城则与二弟及客人日夜痛饮，人们猜不着他的意图。及贞元十一年，德宗听信谗言，要处分贤相陆贽，任命奸佞裴贤龄为相，阳城拼死极谏，使事态有所改变，他则受到贬谪。

③熏：熏陶，影响。

④大臣：指李泌。《顺宗实录》载，德宗贞元三年六月，李泌为相，次年举阳城为谏议大夫。

⑤阳子：即阳城。

⑥本句引文见《易》的《恒》卦：「恒其德贞。妇人吉，夫子凶。」意思是说，永远保持一种行为的准则，对妇人来说是好事，对男子来说并不是好事。据封建礼义，妇人应该从一夫而终身，而男子应该因事制宜，有应变能力，不可一味顺从。

⑦上九：《周易》每卦有六条爻辞，「上九」和下文的「六二」都是爻的名称。「不事王侯，高尚其事」是《蛊卦》的上九爻辞，即隐居不仕之意。

⑧王臣蹇蹇，匪躬之故：做臣子的不避艰难，辅助国君，是由于他能不顾自身的缘故。蹇蹇，尽忠的样子。匪，通「非」。躬，自身。

⑨蹈：践，此处为履行、实行之意。

⑩匪躬：谓忠心耿耿，不顾自身。

⑪旷官：空居官位。指不称职。

⑫肥瘠：亦作「肥膌」，谓肥瘦。

⑬戚：忧愁，悲哀。

⑭禄：古代官吏的俸给。

⑮「仕不为贫」二句：见《孟子·万章下》。意为仕宦的本来目的不是为了救贫，但有时为了解脱贫困而去仕宦，也是允许的。

⑯抱关击柝：守关巡夜的人抱着木梆，打更巡夜。比喻职位卑下。柝，木梆。抱关，守关。击柝，打更巡夜。

⑰委吏：古代管理粮仓的小官。

⑱乘田：春秋时鲁国主管畜牧的小吏。

⑲章明：昭著，显扬。

⑳恶讪：犹毁谤。

㉑嘉谟：高明的经国谋略。

㉒嘉猷：治国的好规划。

㉓布衣：平民百姓。

㉔蓬蒿：蓬草和蒿草。亦泛指草丛、草莽。

㉕行谊：品行，道义。

㉖擢：提拔，提升。

㉗直言骨鲠：言辞正直，气节刚劲。

㉘僭赏：谓无功受赏或赏过其功。

㉙从谏如流：听从规劝像流水一样自然。形容乐于接受别人的批评意见。谏，直言规劝。

㉚岩穴之士：指隐士。古时隐士多山居，故称。

㉛束带结发：束系衣带，挽起发髻。指出仕。

㉜阙下：宫阙之下。借指帝王所居的宫廷。

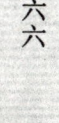

㉝鸿号：大名，美称。

㉞闵：同『悯』，忧虑。

㉟独善其身：原意是做不上官就修养好自身。现指只顾自己，不管别人。独，唯独；善，好，维护。

㊱孜孜矻矻：勤勉不懈的样子。

㊲席不暇暖：连席子还没有来得及坐热就起来了。原指东奔西走，不得安居。后形容很忙，多坐一会儿的时间都没有。席，坐席。暇，空闲。

㊳墨突不得黔：原指墨翟东奔西走，每至一地，烟囱尚未熏黑，又到别处去了。后用其事为典，形容事情繁忙，犹言席不暇暖。

㊴天命：上天之意旨，由天主宰的命运。

㊵讦：揭发别人的隐私或攻击别人的短处。

**点评**

本文从当时的政治需要出发，针对德宗时谏议大夫阳城表面有道，尸位素餐，甘为乡愿，不履行职责的不良表现，用问答的形式，进行直截了当的批评。文章分四个层次，可以看作论辩的四个回合。这四个回合层层深入，穷追猛打，越战越勇，直到对方彻底败北，赢得干脆漂亮。



## 后十九日复上宰相书①（韩愈）

二月十六日，前乡贡进士韩愈，谨再拜言相公阁下：

向上书及所著文后，待命凡十有九日，不得命②。恐惧不敢逃遁，不知所为，乃复敢自纳于不测之诛，以求毕其说，而请命于左右。

愈闻之：蹈水火者之求免于人也，不惟其父兄子弟之慈爱，然后呼而望之也。将有介于其侧者，虽其所憎怨，苟不至乎欲其死者，则将大其声疾呼而望其仁之也。彼介于其侧者，闻其声而见其事，不惟其父兄子弟之慈爱，然后往而全之也。虽有所憎怨，苟不至乎欲其死者，则将狂奔尽气，濡手足，焦毛发，救之而不辞也。若是者何哉？其势诚急，而其情诚可悲也。

愈之强学力行有年矣。愚不惟道之险夷，行且不息，以蹈于穷饿之水火，其既危且亟矣，大其声而疾呼矣。阁下其亦闻而见之矣，其将往而全之欤？抑将安而不救欤？有来言于阁下者曰：『有观溺于水而爇于火者，有可救之道，而终莫之救也。』阁下且以为仁人乎哉？不然，若愈者，亦君子之所宜动心者也。

或谓愈：『子③言则然矣，宰相则知子矣，如时不可何？』愈窃谓之不知言者。诚其材能不足当吾贤相之举耳；若所谓时者，固在上位者之为耳，非天之所为也。前五六年时，宰相荐闻，尚有自布衣蒙抽擢④者，与今岂异时哉？且今节度、观察使及防御营田诸小使等，尚得自举判官，无间于已仕未仕者；

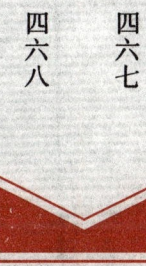

况在宰相，吾君所尊敬者，而曰不可乎？古之进人者，或取于盗，或举于管库。今布衣虽贱，犹足以方乎此。情隘辞蹙，不知所裁，亦惟少垂怜焉。

愈再拜。

**注释**

①这是韩愈第二次给宰相写信，此前十九日他曾给宰相写了第一封信，故名『后十九日复上宰相书』。

②命：在这里指回应。

③子：你。

④抽擢：选拔。

**点评**

在古代，一个地位低下的读书人，为了能进入仕途，获取更大的现实利益，有时必须走攀附权贵之路。年轻时的韩愈中进士四年却一直不得仕进，所以他给当时的宰相写信，想以文章打动宰相，以求得到宰相的引荐和提拔。《后十九日复上宰相书》是韩愈写给宰相的第二封信，信中以动人之笔，比喻自己处境艰难如同陷于水深火热之中，试图以此来打动宰相。

文章紧扣『势』『时』着笔，运用比喻、设问、反驳等手法，将个人的思想写得振振有辞，跌宕起伏。作者很讲究行文变化，尤其恳切的言辞将其迫切的情感表达得淋漓尽致，表达了他为『兼济天下』而要求得到任用的迫切心情。

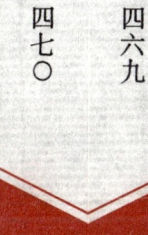





## 后廿九日复上宰相书（韩愈）

三月十六日，前乡贡进士韩愈，谨再拜言相公阁下：

愈闻周公之为辅相，其急于见贤也，方一食三吐其哺①，方一沐三握其发。天下之贤才皆已举用，奸邪谗佞欺负②之徒皆已除去，四海皆已无虞③，九夷八蛮④之在荒服之外者皆已宾⑤贡，天灾时变、昆虫草木之妖皆已销息，天下之所谓礼、乐、刑、政教化之具⑥皆已修理，风俗皆已敦厚，动植之物、风雨霜露之所沾被⑦者皆已得宜，休征嘉瑞⑧、麟凤龟龙之属皆已备至，而周公以圣人之才，凭叔父之亲⑨，其所辅理承化⑩之功又尽章章⑪如是。其所求进见之士，岂复有贤于周公者哉？不惟不贤于周公而已，岂复有贤于时百执事者哉？岂复有所计议、能补于周公之化者哉？然而周公求之如此其急，惟恐耳目有所不闻见，思虑有所未及，以负成王托周公之意，不得于天下之心。如周公之心，设使⑫其时辅理承化之功未尽章章如是，而非圣人之才，而无叔父之亲，则将不暇食与沐矣，岂特⑬吐哺握发为勤而止哉？维其⑭如是，故于今颂成王之德，而称周公之功不衰。

今阁下为辅相亦近耳。天下之贤才岂尽举用？奸邪谗佞欺负之徒岂尽除去？四海岂尽无虞？九夷、八蛮之在荒服之外者岂尽宾贡？天灾时变、昆虫草木之妖岂尽销息？天下之所谓礼、乐、刑、政教化之具岂尽修理？风俗岂尽敦厚？动植之物、风雨霜露之所沾被者岂尽得宜？休征嘉瑞、麟凤龟龙之属岂尽备至？其所求进见之士，虽不足以希望盛德，至比于百执事，岂尽出其下⑮哉？其所称说，岂尽无所补哉？

今虽不能如周公吐哺握发，亦宜引⑯而进⑰之，察其所以而去就⑱之，不宜默默而已也。

愈之待命⑲，四十余日矣。书再⑳上，而志不得通㉑。足三及门，而阍人㉒辞焉。惟其昏愚，不知逃遁，故复有周公之说焉。阁下其亦察之。古之士三月不仕则相吊，故出疆必载质㉓。然所以重于自进者，以其于周不可则去㉔之㉕鲁，于鲁不可则去之齐，于齐不可则去之宋，之郑，之秦，之楚也。今天下一君，四海一国，舍乎此则夷狄矣，去父母之邦矣。故士之行道者，不得于朝，则山林而已矣。山林者，士之所独善自养，而不忧天下者之所能安也。如有忧天下之心，则不能矣。故愈每自进而不知愧焉，书亟㉖上，足数及门，而不知止焉。宁独如此而已，惴惴焉惟，不得出大贤之门下是惧。亦惟㉗少㉘垂㉙察焉。渎冒威尊，惶恐无已。愈再拜。

注释

①哺：指口中所含的食物。

②欺负：欺诈违背。古今异义。

③虞：担忧。

④九夷八蛮：九、八为虚数。指蛮荒的各个部落。

⑤宾：服从，归顺。

⑥具：制度。

⑦沾被：沾湿，滋润。

⑧休征嘉瑞：休征、嘉瑞都是指吉兆。

⑨叔父之亲：指周公与成王的至亲关系。

⑩辅理承化：辅佐、治理、承继、教化。

⑪章章：显著的样子。

⑫设使：设、使都是『假设』的意思。

⑬特：只是。

⑭维其：正因为，现在通常写作『唯其』。

⑮出其下：比他们差。

⑯引：牵引，引见。

⑰进：使……进。

⑱去就：或去或就。去，使……离开，指不任用。就，就近，指任用。

⑲待命：等待回音。

⑳再：两次。

㉑通：通达。

㉒阍（音昏）人：守门人。

㉓质：通『贽』，礼物，信物。

㉔去：离开（周）。

㉕之：往……去。

㉖亟：多次，屡次。

㉗惟：希望。

㉘少：稍微。

㉙垂：敬辞，用于别人（多是长辈或上级）对自己的行动。

点评

这是韩愈上宰相书的第三封。与第二封信（后十九日复上宰相书）的自诉困穷、苦求哀怜有了很大的不同，这封信把问题提到是否重视人才的高度，显得义正词严。

第一段连用一系列长短错落的句式排比成文，极力夸张周公的治绩，从而有力地烘托了周公『吐哺握发』的难能可贵，肯定了求贤若渴的正面典范。第二段用基本相同的词语，构成了一连串的反问句式，使今之宰相与古之周公两种用心，处处形成尖锐的对照，有力地揭示了宰相的错误态度，也反映了作者驾驭语言的高超。后一部分将当时的情况与古代的情况、自己的行为与隐士的作风两相比较，说明自己反复上书是因一片报国忧天下之心所驱使，有的放矢，据理直言，言而无忌，情词激烈，体现了作者如长江大河，浑浩流转的一贯风格。



## 与于襄阳书（韩愈）

七月三日，将仕郎、守国子四门博士韩愈①，谨奉书尚书阁下。

士之能享大名、显当世者，莫不有先达之士、负②天下之望者为之前焉。士之能垂休光③照后世者，亦莫不有后进之士、负天下之望者，为之后焉④。莫为之前，虽美而不彰；莫为之后，虽盛而不传⑤。是二人者，未始不相须⑥也。

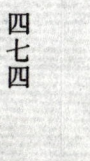

然而千百载乃一相遇焉。岂上之人无可援⑦、下之人无可推欤？何其相须之殷⑧而相遇之疏也？其故在下之人负其能不肯谄⑨其上，上之人负其位不肯顾⑩其下。故高材多戚戚之穷，盛位无赫赫⑪之光。是二人者之所为皆过也。未尝干之⑫，不可谓上无其人；未尝求之，不可谓下无其人。愈之诵此言久矣，未尝敢以闻于人⑬。

侧闻⑭阁下抱不世之才，特立而独行，道方而事实⑮，卷舒⑯不随乎时，文武唯其所用，岂愈所谓其人哉？抑未闻后进之士，有遇知⑰于左右、获礼于门下者，岂求之而未得邪？将志存乎立功，而事专乎报主，虽遇其人，未暇礼邪？何其宜闻而久不闻也？愈虽不才，其自处不敢后于恒⑱人，阁下将求之而未得欤？古人有言：『请自隗⑲始。』愈今者惟朝夕刍⑳米、仆赁之资是急，不过费阁下一朝之享而足也。如曰：『吾志存乎立功，而事专乎报主。虽遇其人，未暇礼焉。』则非愈之所敢知也。世之龊龊者，既不足以语之；磊落奇伟之人，又不能听焉。则信乎命之穷也！

谨献旧所为文一十八首，如赐览观，亦足知其志之所存。愈恐惧再拜。

## 注释

①贞元十八年春，韩愈为四门博士。下分：国子、太学、广文、四门、律、书、算七馆。四门博士，即四门馆教授。将仕郎，官阶，唐属从九品。守，任的意思。

②负：仗恃。

③休光：盛美的光辉，光华。

④为之后焉：做他们的歌颂者。

⑤虽盛而不传：即使成就卓越却不会流传。

⑥相须：相待。这里是互相依赖的意思。

⑦援：攀援。

⑧殷：多、盛。这里引申作密切解。

⑨谄：讨好。

⑩顾：照顾关怀。

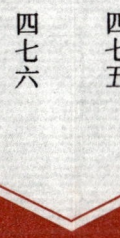





⑪赫赫：威显的样子。

⑫干之：求他。干，干谒。

⑬闻于人：听说。

⑭侧闻：从旁边听说，表示谦恭。

⑮道方而事实：道德方正而工作讲求实际。

⑯卷舒：卷缩舒展，这里是进退的意思。

⑰遇知：受到赏识。

⑱恒：平常，普通。

⑲隗：郭隗，战国时燕国人。燕昭王招贤纳士，欲报齐国之仇，往见郭隗，郭隗说：『今王欲致士，先从隗始，隗且见事，况贤于隗者乎？』。

⑳刍：喂牲口的草。

## 点评

虽是一篇求荐信，但是此信以士欲进身扬名、建功业须前辈援引，而前辈之功业盛名又须有为的后继者为之传扬为论点，入情入理。先泛谈『先达之士』应与『后进之士』相为知遇的道理，这样，虽将对方捧为『负天下之望者』也不显得阿谀，虽标榜自己为『高材』也不显得狂妄。再以『侧闻』的形式赞誉对方，显得客观，也便于自己的表达和对方的接受。最后用描述自己生活的窘迫状态来争取对方的同情，以求得任用的机会。全文晓之以理，动之以情，行文婉转而自然，给人以不卑不亢的感觉，这正是本文所需要的。

## 与陈给事书（韩愈）

愈再拜①：愈之获见于阁下有年矣。始者亦尝辱一言之誉。贫贱也，衣食于奔走，不得朝夕继见。其后，阁下位益尊，伺候于门墙②者日益进。夫位益尊，则贱者日隔；伺候于门墙者日益进，则爱博而情不专。愈也道不加修，而文日益有名。夫道不加修，则贤者③不与；文日益有名，则同进者忌。始之以日隔之疏，加之以不专之望，以不与者之心，而听忌者之说。由是阁下之庭，无愈之迹矣。

去年春，亦尝一进谒④于左右矣。温乎其容，若加其新也；属乎其言，若闵⑤其穷也。退而喜也，以告于人。其后，如东京取妻子⑥，又不得朝夕继见。及其还也，亦尝一进谒于左右矣。邈⑦乎其容，若不察其愚⑧也；悄乎其言，若不接其情也。退而惧也，不敢复进。

今则释然悟，翻然悔曰：其邈也，乃所以怒其来之不继也；其悄也，乃所以示其意也。不敏之诛⑨，无所逃避。不敢遂⑩进，辄自疏⑪其所以，并献近所为《复志赋》以下十首为一卷，卷有标轴⑫。《送孟郊⑬序》一首，生纸⑭写，不加装饰。皆有揩⑮字注⑯字处，急于自解而谢，不能俟⑰更写。阁下取其意而略其礼可也。

愈恐惧⑱再拜。



注释

①再拜：古代一种隆重的礼节，先后拜两次，表示郑重奉上的意思。
②门墙：原指师门，此处泛指尊者的门下。
③贤者：此处指陈给事。
④进谒：前去拜见。
⑤闵：同『悯』，怜恤，哀伤。
⑥妻子：指妻子和儿子。
⑦邈：远，此处形容脸上表情冷漠。
⑧若不察其愚：好像没有察见我的愚衷。
⑨诛：责备。
⑩遂：就，立刻。
⑪疏：分条陈述。
⑫标轴：古代用纸或帛做成卷子，中心有轴，故一卷叫一轴。标轴是卷轴上所作的标记。
⑬孟郊：字东野，唐代诗人，韩愈的朋友。

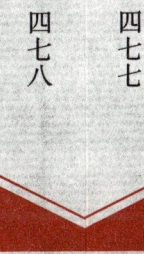

⑭ 生纸：未经煮捶或涂蜡的纸。唐代书写分熟纸与生纸，生纸用于丧事，或作草稿用。

⑮ 揩：涂抹。

⑯ 注：添加。上述用生纸写信，不加装饰，有揩字注字处数语，乃是表示失礼和歉意。

⑰ 俟：等待。

⑱ 恐惧：非常小心谨慎以至达到害怕不安的程度。

点评

本文为韩愈给陈京的一封信。信中述写了与陈京旧时曾有过交往和后来疏远的原因，婉言表述了对陈京的不满。同时也表示疑虑消除，希望陈京重新了解自己，恢复友谊。

本是一般的书信，但出自作者的笔下，却委婉动情，不同凡响。通篇围绕着一个『见』字，历数了与陈给事的见面情况：上半篇从见说到不见，下半篇从不见说到要见。好像通幽曲径，峰回路转；如柳暗花明，若断若续。信中处处自贬自责，表现了韩愈诚惶诚恐的心态；同时在字里行间，又微微透露出其不甘低眉伏首的慷慨情态。吴氏《古文观止》原评：『一路顿挫跌宕，波澜层叠，姿态横生，笔笔入妙。』



## 应科目时与人书（韩愈）

月日，愈再拜：

天地之滨，大江之濆，有怪物焉，盖非常鳞凡介之品匹俦也。其得水，变化风雨，上下于天不难也。其不及水，盖寻常尺寸之间耳，无高山大陵旷途绝险为之关隔也，然其穷涸，不能自致乎水，为獱獭①之笑者，盖十八九矣。如有力者，哀其穷而运转之，盖一举手一投足之劳也。然是物也，负其异于众也，且曰：『烂死于沙泥，吾宁乐之；若俯首帖耳，摇尾而乞怜者，非我之志也。』是以有力者遇之，熟视之若无睹也。其死其生，固不可知也。

今又有有力者当其前矣，聊试仰首一鸣号焉，庸讵知有力者不哀其穷，而忘一举手一投足之劳，而转之清波乎？其哀之，命也；其不哀之，命也；知其在命，而且鸣号之者，亦命也。

愈今者，实有类于是，是以忘其疏愚之罪，而有是说焉。阁下其亦怜察之！

注释

① 獱獭：獭属。居水中，食鱼。又称猵獭，简称『獱』或『猵』。

点评

在唐朝，读书人参加科举之前，拜谒当时有名望的人（主要是大官），以求引荐。本文的特殊之处是态度很牛，口气强硬，显得自以为是。文中先借怪物之口，说『烂死于沙泥，吾宁乐之；若俯首贴耳，摇尾而乞怜者，非我之志也。』而接着笔下一转，说『今有有力者当其前矣，聊试仰首一鸣号焉』。但他将一切归之于命运，等于向『有力者』挑明：就算你帮了我，我也不会感激你，因为老天早就安排好了。求人却显得这么有骨气，恐怕要算本文的最大特点。

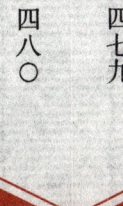

## 送孟东野序（韩愈）

大凡物不得其平则鸣。草木之无声，风挠①之鸣。水之无声，风荡②之鸣。其跃也，或激之；其趋也，或梗之；其沸也，或炙③之。金石之无声，或击之鸣。人之于言也亦然。有不得已者而后言，其歌也有思，其哭也有怀④。凡出乎口而为声者，其皆有弗平者乎！

乐也者，郁⑤于中而泄于外者也，择其善鸣者而假之鸣。金、石、丝、竹、匏、土、革、木八者⑥，物之善鸣者也。维天之于时⑦也亦然，择其善鸣者而假之鸣。是故，以鸟鸣春，以雷鸣夏，以虫鸣秋，以风鸣冬。四时之相推夺⑧，其必有不得其平者乎！其于人也亦然。人声之精者为言，文辞之于言，又其精也，尤择其善鸣者而假之鸣。

其在唐、虞，咎陶⑨、禹，其善鸣者也，而假以鸣。夔⑩弗能以文辞鸣，又自假于《韶》以鸣。夏之时，五子⑪以其歌鸣。伊尹⑫鸣殷。周公⑬鸣周。凡载于《诗》《书》六艺⑭，皆鸣之善者也。周之衰，孔子⑮之徒鸣之，其声大而远。传曰：『天将以夫子为木铎⑯。』其弗信矣乎？其末也，庄周⑰以其荒唐之辞鸣。楚，大国也，其亡也，以屈原⑱鸣。臧孙辰⑲、孟轲、荀卿，以道鸣者也。杨朱、墨翟、管夷吾、晏婴、老聃、申不害、韩非、慎到⑳、田骈㉑、邹衍㉒、尸佼㉓、孙武、张仪、苏秦之属，皆以其术鸣。秦之兴，李斯鸣之㉑。汉之时，司马迁、相如、扬雄，最其善鸣者也。其下魏、晋氏，鸣者不及于古，然亦未尝绝也。就其善者，其声清以浮，其节数以急，其辞淫以哀，其志弛以肆㉔。其为言也，乱杂而无章。将天丑㉕其德莫之顾邪？何为乎不鸣其善鸣者也？

唐之有天下，陈子昂、苏源明、元结、李白、杜甫、李观㉖，皆以其所能鸣。其存而在下者，孟郊东野始以其诗鸣。其高出魏、晋，不懈而及于古，其他浸淫㉗乎汉氏矣。从吾游者㉘，李翱、张籍其尤也。三子者之鸣信善矣。抑不知天将和其声而使鸣国家之盛邪？抑将穷饿其身，思愁其心肠，而使自鸣其不幸邪？三子者之命，则悬乎天矣。其在上也，奚以㉙喜？其在下也，奚以悲？

东野之役于江南也，有若不释然㉚者，故吾道其命于天者以解之。

**注释**

① 挠：摇动。

② 荡：振动，振荡。

③ 炙：烧。

④ 怀：感伤。

⑤ 郁：郁结，蓄积。

⑥ 金、石、丝、竹、匏、土、革，木八者：我国古代制作乐器的八种材料，一般用来指代各种乐器。金，指钟。石，指磬。丝，指琴、瑟。竹，指箫、笛。匏，指笙、竽。土，指埙。革，指鼗、鼓。木，指祝、敔。

⑦ 时：季节。

⑧推夺：推移、交替。

⑨咎陶：又作『皋陶』『咎繇』，舜的臣子，掌管司法，制定法律。

⑩夔：舜时乐官。相传《韶》由夔制作。

⑪五子：夏王太康的五个弟弟，作《五子之歌》。太康以淫佚失国，五子作歌陈述大禹的警戒。

⑫伊尹：商代的贤相，作《伊训》《太甲》等文。

⑬周公：即姬旦，周武王弟，成王之叔，作《大诰》《多士》《无逸》等，相传制定了《周礼》《仪礼》。

⑭六艺：指《诗经》《尚书》《易》《礼》《乐》《春秋》六经。

⑮孔子：儒家创始人，他的弟子将他的言论集为《论语》一书。

⑯木铎：木舌的铃。

⑰庄周：战国时哲学家、思想家，道家代表人物，著《庄子》。

⑱屈原：战国时楚人，我国古代著名诗人，著有《离骚》《九歌》《九章》等诗篇。

⑲臧孙辰：春秋时鲁国人，其言论见《国语》《左传》。

⑳慎到：战国人，作有《慎子》，已佚。

㉑田骈：战国时人，著有《田子》，已佚。

㉒邹衍：又作驺衍，战国末人，阴阳家，著有《终始》《大圣》。





㉓尸佼：战国人，著有《尸子》。

㉔肆：放肆。

㉕丑：厌恶。

㉖陈子昂等：均为唐代著名文学家。

㉗浸淫：渗透，接近。

㉘从吾游者：指跟作者学习的人。

㉙奚以：何以。

㉚释然：舒畅、开心。

**点评**

本文是韩愈为孟郊去江南就任溧阳县尉而作的一篇赠序。全文主要针对孟郊『善鸣』而终生困顿的遭遇进行论述，作者表面上说这是由天意决定的，实则是一种委婉其辞的含蓄表达，是指斥当时的社会和统治者不重视人才，而不是在宣扬迷信。文章屡用排比句式，抑扬顿挫，波澜层叠，气势奔放；而立论卓异不凡，寓意深刻，是议论文中的佳作。

## 送李愿归盘谷序（韩愈）

太行之阳有盘谷①。盘谷之间，泉甘而土肥，草木丛茂，居民鲜少。或曰：『谓其环两山之间，故曰「盘」。』

或曰：『是谷也，宅幽而势阻，隐者之所盘旋②。』友人李愿居之。

愿之言曰：『人之称大丈夫者，我知之矣：利泽施于人，名声昭于时，坐于庙朝③，进退百官④，而佐天子出令；其在外，则树旗旄⑤，罗弓矢，武夫前呵，从者塞途，供给之人，各执其物，来道而疾驰。喜有赏，怒有刑。才畯满前⑥，道古今而誉盛德，入耳而不烦。曲眉丰颊，清声而便体⑦，秀外而惠中⑧，飘轻裾⑨，翳⑩长袖，粉白黛⑪绿者，列屋而闲居，妒宠而负恃⑫，争妍而取怜⑬。大丈夫之遇知于天子、用力于当世者之所为也。吾非恶⑭此而逃之，是有命焉，不可幸而致也。

穷居而野处，升高而望远，坐茂树以终日，濯清泉以自洁。采于山，美可茹；钓于水，鲜可食。起居无时，惟适之安。与其有誉于前，孰若无毁于其后；与其有乐于身，孰若无忧于其心。车服⑮不维，刀锯不加⑯，理⑰乱不知，黜陟⑱不闻。大丈夫不遇于时者之所为也，我则行之。

伺候于公卿之门，奔走于形势⑲之途，足将进而趑趄⑳，口将言而嗫嚅㉑，处污秽而不羞，触刑辟㉒而诛戮，徼幸于万一，老死而后止者，其于为人，贤不肖何如也？』

昌黎㉓韩愈闻其言而壮之，与之酒而为之歌曰：『盘之中，维子之宫；盘之土，维子之稼㉔；盘之泉，可濯可沿；盘之阻，谁争子所？窈㉕而深，廓其有容㉖；缭㉗而曲，如往而复。嗟盘之乐兮，乐且无央；虎豹远迹兮，蛟龙遁藏；鬼神守护兮，呵禁不祥。饮且食兮寿而康，无不足兮奚所望！膏吾车兮秣吾马，从子于盘兮，终吾生以徜徉㉘！

注释

①盘谷：在今河南济源北二十里。

②盘旋：同『盘桓』，留连、逗留。

③庙朝：宗庙和朝廷。古代有时在宗庙发号施令。『庙朝』连称，指中央政权机构。

④进退：这里指任免升降。

⑤旗旄：旗帜。旄，旗竿上用旄牛尾装饰的旗帜。

⑥才畯：才能出众的人。畯，同『俊』。

⑦便体：美好的体态。

⑧惠中：聪慧的资质。惠，同『慧』。

⑨裾：衣服的前后襟。

⑩翳：遮蔽，掩映。

⑪黛：青黑色颜料。古代女子用以画眉。

⑫负恃：依仗。这里指自恃貌美。

⑬怜：爱。

⑭恶：厌恶。

⑮车服：代指官职。古代以官职的品级高下，确定所用车子和服饰。

⑯刀锯：指刑具。

⑰理：治。唐代避高宗李治的名讳，以『理』代『治』。

⑱黜陟：指官吏的进退或升降。

⑲形势：地位和威势。

⑳赼趄：踟蹰不前。

㉑嗫嚅：欲言又止的样子。

㉒刑辟：刑法。

㉓昌黎：韩氏的郡望。唐代重世族，所以作者标郡望。

㉔稼：播种五谷，这里指种谷处。

㉕窈：幽远。

㉖廓其有容：广阔而有所容。其，犹『而』。

㉗缭：屈曲。

㉘徜徉：自由自在地来来往往。

**点评**

隐士生活，为中国古人士大夫生活的一个重要主题。古之许由、庄周等，以及现代生活的仙隐、渔隐、茶隐等。古人言：『大隐隐于朝，中隐隐于市，小隐隐于野。』此文妙处在于对隐退的生活的剖析，直面人性的弱点。那些有权势的人，所获虚名、威仪、贪婪欲望……这些东西的背后，付出了丧失自由的代价，在朝中卑躬屈膝，家中是姬妾争宠。文章表达韩愈这位大隐对自由生活的向往。





## 送董生邵南序（韩愈）

燕赵①古称多慷慨悲歌之士②。董生举进士，屡不得志于有司③，怀抱利器，郁郁适兹土④。吾知其必有合也。董生勉乎哉！

夫以子之不遇时，苟慕义强仁者皆爱惜焉。矧燕赵之士出乎其性⑤者哉！然吾尝闻风俗与化移易⑥，吾恶⑦知其今不异于古所云邪？聊以吾子之行卜之也⑧。董生勉乎哉！

吾因子有所感矣。为我吊望诸君⑨之墓，而观于其市，复有昔时屠狗者⑩乎？为我谢曰：『明天子在上，可以出而仕矣。』

**注释**

①燕赵：借指河北一带。

②感慨悲歌之士：用悲壮的歌声抒发内心悲愤的人，多指有抱负而不得施展的人。

③有司：这里是指礼部主管考试的官。

④郁郁适兹土：忧郁地到那个地方去。意思是董生想去燕赵地区谋职。兹土，指燕赵之地，当时受地方割据势力统治。

⑤出乎其性：（仰慕正义）来自他们的本性。这句意思是，燕赵之士由于有这样的本性而更加同情董生。

⑥风俗与化移易：风俗随着教化而改变。与，跟随。易，改变。

⑦恶：怎么。

⑧聊以吾子之行卜之也：姑且凭你这次的前往测定一下吧。聊，姑且。卜，测验、判断。

⑨望诸君：即战国时燕国名将乐毅，后因政治失意，离燕至赵，赵封他为望诸君。望诸，古泽名，在今河南东北部，又称『孟诸』。

⑩屠狗者：凡指高渐离一类埋没在草野的志士。高渐离，荆轲的朋友，他的职业是屠狗。荆轲死后，他也曾行刺秦始皇，失败后被杀。据《史记·刺客列传》记载，战国时燕国有以屠狗为业的义士，这里泛指隐于市廛暂不得志的侠义之士。

**点评**

本文是为送董邵南游河北作的送别赠序，但与一般赠序情味不同。因为当时的河北是藩镇割据的地方，在韩愈看来投靠藩镇无异于『从贼』，而董生不安于『天子不闻名声，爵禄不及门』的现状，又使韩愈不无同情，所以很难措辞。文章先赞美河北『多感慨悲歌之士』，又说董生『怀抱利器』而『不得志于有司』，因而要到河北去，『吾知其必有合也』。但这其实都是反话。他疑心燕赵的风俗已经变了，所以有合与否实在难说，又在结尾托他去劝谕燕赵之士归顺朝廷。送之正是为了留之，微情妙旨，全寄于笔墨之外。





## 送杨少尹①序（韩愈）

昔疏广、受二子②，以年老，一朝辞位而去。于是公卿设供帐③，祖道都门外④，车数百辆；道路观者，多叹息泣下，共言其贤。汉史⑤既传其事，而后世工画者，又图其迹，至今照人耳目，赫赫若前日事。国子司业⑥杨君巨源，方以能诗训后进，一旦以年满七十，亦白丞相去归其乡。世常说古今人不相及，今杨与二疏，其意岂异也？

予忝⑦在公卿后，遇病不能出，不知杨侯去时，城门外送者几人，车几辆，马几匹，道旁观者，亦有叹息知其为贤与否；而太史氏又能张大其事为传，继二疏踪迹否，不落莫否。见今世无工画者，而画与不画，固不论也。

然吾闻杨侯之去，丞相有爱而惜之者，白以为其都少尹，不绝其禄。又为歌诗以劝之，京师之长于诗者，亦属而和之。又不知当时二疏之去，有是事否。古今人同不同，未可知也。

中世士大夫，以官为家，罢则无所于归。杨侯始冠，举于其乡，歌《鹿鸣》而来也。今之归，指其树曰：『某树，吾先人之所种也；某水、某丘，吾童子时所钓游也。』乡人莫不加敬，诫子孙以杨侯不去其乡为法。古之所谓乡先生没而可祭于社者，其在斯人欤？其在斯人欤？

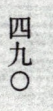

## 注释

①杨少尹：即杨巨源。少尹，官名，唐代州长官的副职。

②疏广、受：即疏广、疏受，西汉人，疏广为太傅，其侄疏受为少傅。年老同时辞官，百官盛会欢送，封建时代传为美谈。

③设供帐：陈设帐席举行酒宴。

④祖道：饯行。

⑤汉史：指《汉书》。

⑥国子司业：国子监的司业。国子监，唐代最高学府。司业，学官，是国子监的副职。

⑦忝：有愧于，谦词。当时韩愈任吏部侍郎。

## 点评

这是韩愈为送同僚杨巨源告老还乡写的一篇赠序。文中把杨辞职归乡的情景跟历史上有名的二疏进行比较，从而突出了杨巨源思想品德之美。写法注意前后照应，富于变化，并且反复咏叹，言婉情深，作者的思想感情灼然可见。

古人评论说：引二疏作陪，又将自己病不能送，偷插一笔，顿觉溪山重叠，烟雨迷离。末段偏从杨君归乡，追思童时事，并把没后可祭，就乡人心中写出，纯是空中楼阁，宛如逼真情景。文章巧妙，没有超过此法的，昌黎尤其擅长，所以为八大家之首。





# 送石处士序（韩愈）

河阳军①节度、御史大夫乌公②，为节度之三月，求士于从事③之贤者。有荐石先生者。公曰：『先生何如？』曰：『先生居嵩、邙、瀍、谷之间，冬一裘，夏一葛④，食朝夕，饭一盂，蔬一盘。人与之钱，则辞；请与出游，未尝以事免；劝之仕，不应。坐一室，左右图书。与之语道理，辨古今事当否，论人高下，事后当成败，若河决下流而东注；若驷⑤马驾轻车就熟路，而王良⑥造父为之先后也；若烛照、数计而龟卜⑦也。』大夫曰：『先生有以自老，无求于人，其肯为某来邪？』从事曰：『大夫文武忠孝，求士为国，不私于家。方今寇聚于恒，师还其疆⑧，农不耕收，财粟殚⑨亡。吾所处地，归输⑩之涂，治法征谋，宜有所出。先生仁且勇。若以义请而强委重焉，其何说之辞？』于是撰书词⑪，具马币，卜日以受使者，求先生之庐而请焉。

先生不告于妻子，不谋于朋友，冠带出见客，拜受书礼于门内。宵则沐浴，戒行李，载书册，问道所由，告行于常所来往。晨则毕至张上东门外。酒三行，且起，有执爵而言者曰：『大夫真能以义取人，先生真能以道自任，决去就。为先生别。』又酌而祝曰：『凡去就出处何常，惟义之归。遂以为先生寿。』又酌而祝曰：『使大夫恒无变其初，无务富其家而饥其师，无甘受佞人而外敬正士，无昧于谄言，惟先生是听，以能有成功，保天子之宠命。』又祝曰：『使先生无图利于大夫而私便其身。』先生起拜祝辞曰：『敢不敬早夜以求从祝规。』于是东都之人士咸知大夫与先生果能相与以有成也。遂各为歌诗六韵，遣愈为之序云。

**注释**

① 河阳军：唐时所置，治所在今河南孟县南。由于唐代的节度使的辖区也是军区，故称「军」。

② 乌公：即乌重胤（七六一—八二七），张掖（今甘肃张掖）人。起初在昭义节度使卢从史部下任都知兵马使。元和五年（八一〇年）升河阳节度使。

③ 从事：汉以后三公及州郡长官均自辟僚属，称为「从事」，到宋代废除。

④ 葛：本是一种植物，古代用葛织布做夏衣。此处指粗布的衣服。

⑤ 驷：古代一车套四马，因此称驾车的四马为「驷」。

⑥ 王良：春秋时晋国的善御者，传说为周穆王驾车。

⑦ 龟卜：古人用火灼龟甲，依据裂纹以推测吉凶。

⑧ 寇聚于恒，师还其疆：唐元和四年，成德节度使王士真死，其子王承宗叛乱，宪宗派吐突承璀统兵讨伐，未能成功。次年被迫任命王承宗为成德节度使。此处指受其威胁。恒，州名，治所在今河北正定县。

⑨ 殚：尽。

⑩ 归输：运输军用物资。

⑪ 书词：书信。





**点评**

本文为送石处士赴任而写，主旨一为阐明石处士此次出仕不违初衷，为行其所当行；二为借此时机，对他作一些规诫。

文章可分两段，上段记叙乌公和从事的对话，通过几问几答，表现出石处士的品德才学，既赞处士之贤，同时也赞乌公之能知贤、求贤。笔法活络，控御自如。下段写饯别宴席上东都士人的祝辞和石处士的答词。从处士应聘之果，赴行之速，可以看出行事自有决断，与前面写其议论古今人物之当、料事成败之神颇能呼应，让我们感到此人的确不凡。而规劝处士与乌公的话，通过送行者口中各道出，委婉而得体。

## 送温处士赴河阳军序（韩愈）

伯乐①一过冀②北之野，而马群遂空。夫冀北马多天下。伯乐虽善知马，安能空其群邪？解之者曰：「吾所谓空，非无马也，无良马也。伯乐知马，遇其良，辄取之，群无留良焉。苟无良，虽谓无马，不为虚语矣。」

东都③，固士大夫之冀北也。恃才能深藏而不市者，洛之北涯曰石生④，其南涯曰温生⑤。大夫乌公⑥，以斧钺⑦镇河阳之三月，以石生为才，以礼为罗⑧，罗而致之幕下⑨。未数月也，以温生为才，于是以石生为媒⑩，以礼为罗，又罗而致之幕下。东都虽信多才士，朝取一人焉，拔其尤⑪；暮取一人焉，拔其尤。自居守河南尹⑫，以及百司之执事⑬，与吾辈二县⑭之大夫，政有所不通，事有所可疑，奚所咨而处焉？士大夫之去位而巷处者，谁与嬉游？小子后生，于何考德而问业焉？缙绅⑮之东西行过是都者，无所礼⑯于其庐。若是而称曰：『大夫乌公一镇河阳，而东都处士之庐无人焉。』岂不可也？

夫南面⑰而听天下，其所托重而恃力者，惟相与将耳。相为天子得人于朝廷，将为天子得文武士于幕下，求内外无治，不可得也。愈縻⑱于兹，不能自引去⑲，资二生以待老。今皆为有力者夺之，其何能无介然⑳于怀邪？生既至，拜公于军门，其为吾以前所称，为天下贺；以后所称㉑，为吾致私怨于尽取也。留守相公㉒首为四韵㉓诗歌其事，愈因推其意而序之。



注释

①伯乐：传说是春秋中期秦穆公时人，以善相马著称。

②冀：冀州的北部，今河北、山西一带地方，相传冀州出产良马。

③东都：指洛阳。唐代首都长安，以洛阳为东都。

④石生：名洪，字浚川，洛阳人。

⑤温生：即温造，字简舆，曾隐居王屋山及洛阳，后官至礼部尚书。

⑥乌公：乌重胤，元和五年（八一〇年）任河阳军节度使、御史大夫。参阅前选《送石处士序》。

⑦斧钺：本是古代的两种兵器，后成为刑罚、杀戮之权的标志。此处指节度使的身份。

⑧罗：罗网，此处用来比喻招聘贤士的手段。

⑨幕下：即幕府中。军队出征，施用帐幕，为此古代将帅的官署叫『幕府』。

⑩媒：中介。

⑪尤：特异的、突出的。

⑫河南尹：河南府的长官。

⑬百司之执事：婉指百官。司，官署。

⑭二县：指东都城下的洛阳县，河南县，当时韩愈任河南县令，所以称『吾辈二县之大夫』。

⑮缙绅：古代官员插笏于绅带间，此处指官员。

⑯礼：此处指谒见，拜访。

⑰南面：此处指皇帝。古代以坐北朝南为尊位，故皇帝见群臣时面向南而坐。

⑱縻：系住，这里指束缚，羁留。

⑲引去：引退，辞去。

⑳介然：耿耿于心。

㉑后所称：指石生、温生被选走，使河南人才空虚。

㉒留守相公：当指东都留守郑余庆。相公，指宰相。

㉓四韵：旧体诗一般为隔句押韵，四韵为八句。

点评 本文与《送石处士序》为姐妹篇，事件与人物均相关涉，但在写法上却从自然转变为奇绝，有相得益彰之美。本文的匠心独运处，是用『伯乐一过冀北之野，而马群遂空』比喻『大夫乌公一镇河阳，而东都处士之庐无人』，赞颂乌重胤慧眼识贤、善于荐拔人才；又用『私怨于尽取』反衬乌公『为天子得文武士于幕下』的难得可贵。用比喻与反衬，从『空』字引出『怨』字，而这『怨』比正面『颂』乌公识才更具有力量。笔法巧妙，渲染得当。

## 祭十二郎文（韩愈）

年月日①，季父②愈闻汝丧之七日，乃能衔哀致诚③，使建中④远具时羞⑤之奠，告汝十二郎之灵：

呜呼！吾少孤，及长，不省所怙⑥，惟兄嫂是依。中年，兄殁南方⑦，吾与汝俱幼，从嫂归葬河阳⑧；既又与汝就食江南⑨，零丁孤苦，未尝一日相离也。吾上有三兄⑩，皆不幸早世。承先人⑪后者，在孙惟汝，在子惟吾，两世一身⑫，形单影只。嫂尝抚汝指吾而言曰：『韩氏两世，惟此而已！』汝时尤小，当不复记忆；吾时虽能记忆，亦未知其言之悲也。

吾年十九，始来京城。其后四年，而归视⑬汝。又四年，吾往河阳省⑭坟墓，遇汝从嫂丧来葬⑮。又二年，吾佐董丞相⑯于汴州，汝来省吾，止⑰一岁，请归取其孥⑱。明年，丞相薨⑲，吾去汴州，汝不果⑳来。是年，吾佐戎徐州㉑，使取㉒汝者始行，吾又罢去㉓，汝又不果来。吾念汝从于东㉔，东亦客也，不可以久；图久远者，莫如西归，将成家而致汝。呜呼！孰谓㉕汝遽去吾而殁乎！吾与汝俱少年，以为虽暂相别，终当久相与处，故舍汝而旅食京师，以求斗斛之禄㉖；诚知其如此，虽万乘㉗之公相，吾不以一日辍汝㉘而就也！



去年，孟东野㉙往，吾书与汝曰：『吾年未四十，而视茫茫，而发苍苍，而齿牙动摇。念诸父与诸兄，皆康强而早世，如吾之衰者，其能久存乎？吾不可去，汝不肯来，恐旦暮死，而汝抱无涯之戚㉚也。』孰谓少者殁而长者存，强者夭而病者全乎？

呜呼！其信然邪？其梦邪？其传之非其真邪？信也，吾兄之盛德而夭其嗣乎？汝之纯明㉛而不克蒙其泽乎？少者强者而夭殁，长者衰者而存全乎？未可以为信也。梦也，传之非其真也？东野之书，耿兰㉜之报，何为而在吾侧也？呜呼！其信然矣！吾兄之盛德而夭其嗣矣！汝之纯明宜业㉝其家者，不克蒙其泽矣！所谓天者诚难测，而神者诚难明矣！所谓理者不可推，而寿者不可知矣！虽然，吾自今年来，苍苍者或化而为白矣，动摇者或脱而落矣㉞，毛血㉟日益衰，志气㊱日益微，几何不从汝而死也！死而有知，其几何离㊲？其无知，悲不几时，而不悲者无穷期矣！

汝之子㊳始十岁，吾之子始五岁㊴，少而强者不可保，如此孩提㊵者，又可冀其成立邪？呜呼哀哉！呜呼哀哉！

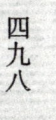

汝去年书云：『比得软脚病[41]，往往而剧。』吾曰：『是疾也，江南之人，常常有之。』未始以为忧也。呜呼！其竟以此而殒其生乎？抑别有疾而至斯极乎？汝之书，六月十七日也。东野云：汝殁以六月二日；耿兰之报无月日。盖东野之使者，不知问家人以月日；如耿兰之报，不知当言月日；东野与吾书，乃问使者，使者妄称以应之乎。其然乎？其不然乎？

今吾使建中祭汝，吊[42]汝之孤与汝之乳母。彼有食，可守以待终丧[43]，则待终丧而取以来[44]；如不能守以终丧，则遂取以来；其余奴婢，并令守汝丧。吾力能改葬[45]，终葬汝于先人之兆[46]，然后惟其所愿[47]。

呜呼！汝病吾不知时，汝殁吾不知日，生不能相养于共居，殁不得抚汝以尽哀[48]，敛[49]不凭其棺，窆[50]不临其穴。吾行负神明而使汝夭，不孝不慈，而不能与汝相养以生，相守以死；一在天之涯，一在地之角，生而影不与吾形相依，死而魂不与吾梦相接，吾实为之，其又何尤[51]！彼苍者天，曷其有极[52]！自今已往，吾其无意于人世矣！当求数顷之田于伊颍之上[53]，以待余年，教吾子与汝子幸其成[54]，长吾女与汝女[55]，待其嫁，如此而已！

呜呼，言有穷而情不可终，汝其知也邪？其不知也邪？呜呼哀哉！尚飨[56]！







注释

①『年月日』：此为拟稿时原样。

②季父：父辈中排行最小的叔父。

③衔哀致诚：心中含着悲哀，表达赤诚的心意。

④建中：人名，当为韩愈家中仆人。

⑤时羞：应时的鲜美佳肴。羞，同『馐』。

⑥怙：失父曰失怙，失母曰失恃。

⑦兄殁南方：代宗大历十二年（七七七年），韩会由起居舍人贬为韶州（今广东韶关）刺史，次年死于任所，年四十三。时韩愈十一岁，随兄在韶州。

⑧河阳：今河南孟县西，是韩氏祖宗坟墓所在地。

⑨就食江南：唐德宗建中二年（七八一年），北方藩镇李希烈反叛，中原局势动荡。韩愈随嫂迁家避居宣州（今安徽宣城）。韩氏在宣州置有田宅别业。

⑩三兄：韩会、韩介，还有一位死时尚幼，未及命名。

⑪先人：指已去世的父亲韩仲卿。

⑫两世一身：子辈和孙辈均只剩一个男丁。

⑬视：古时探亲，上对下曰视，下对上曰省。

⑭省：探望，此引申为凭吊。

⑮遇汝从嫂丧来葬：韩愈嫂子郑氏卒于贞元九年（七九三年），韩愈有《祭郑夫人文》。贞元十一年（七九五年），韩愈往河

阳祖坟扫墓，与奉其母郑氏灵柩来河阳安葬的十二郎相遇。

⑯董丞相：指董晋。时韩愈在董晋幕中任节度推官。

⑰止：住。

⑱取其孥：把家眷接来。孥，妻和子的统称。

⑲薨：古时诸侯或二品以上大官死曰薨。

⑳不果：没能够。指因兵变事。

㉑佐戎徐州：当年秋，韩愈入徐、泗、濠节度使张建封幕任节度推官。节度使府在徐州。佐戎，辅助军务。

㉒取：迎接。

㉓罢去：贞元十六年（八〇〇年）五月，张建封卒，韩愈离开徐州赴洛阳。

㉔东：指故乡河阳之东的汴州和徐州。

㉕孰谓：谁料到。

㉖斗斛之禄：指微薄的俸禄。唐时十斗为一斛。

㉗万乘：指高官厚禄。古代兵车一乘，有马四匹。封国大小以兵赋计算，凡地方千里的大国，称为万乘之国。

㉘辍汝：和上句『舍汝』义同。

㉙孟东野：即韩愈的诗友孟郊。是年出任溧阳（今属江苏）尉，溧阳去宣州不远，故韩愈托他捎信给宣州的十二郎。





㉚无涯之戚：无穷的悲伤。涯，边。戚，忧伤。

㉛纯明：纯正贤明。

㉜耿兰：生平不详，当时宣州韩氏别业的管家人。十二郎死后，孟郊在溧阳写信告诉韩愈，时耿兰也有丧报。

㉝业：用如动词，继承之意。

㉞动摇者或脱而落矣：时年韩愈有《落齿》诗云：『去年落一牙，今年落一齿；俄然落六七，落势殊未已。』

㉟毛血：指体质。

㊱志气：指精神。

㊲其几何离：分离会有多久呢？意谓死后仍可相会。

㊳汝之子：十二郎有二子，长韩湘，次韩滂。

㊴吾之子始五岁：指韩愈长子韩昶，贞元十五年（七九九年）韩愈居符离集时所生，小名曰符。

㊵孩提：本指二三岁的幼儿。此为年纪尚小之意。

㊶软脚病：即脚气病。

㊷吊：此指慰问。

㊸终丧：守满三年丧期。

㊹取以来：指把十二郎的儿子和乳母接来。

㊺力能改葬：假设之意。即先暂时就地埋葬。合下句连续可知。

㊻兆：葬域，墓地。

㊼惟其所愿：才算了却心事。

㊽抚汝以尽哀：指抚尸恸哭。

㊾敛：同「殓」，为死者更衣称小殓，尸体入棺材称大殓。

㊿窆：下棺入土。

51何尤：怨恨谁？

52彼苍者天，曷其有极：意谓你青苍的上天啊，我的痛苦哪有尽头啊。

53伊、颍：伊水和颍水，均在今河南省境。此指故乡。

54幸其成：韩昶后中穆宗长庆四年进士。韩湘后中长庆三年进士。

55长：用作动词，养育之意。

56尚飨：古代祭文结语用辞，意为希望死者享用祭品。尚，庶几，表示希望。

**点评**

韩愈幼年丧父，靠兄嫂抚养成人。韩愈与其侄十二郎自幼相守，历经患难，感情特别深厚。但成年以后，韩愈四处飘泊，与十二郎很少见面。正当韩愈官运好转，有可能与十二郎相聚的时候，突然传来他的噩耗。韩愈悲痛欲绝，写下这篇祭文。

文章既没有铺排，也没有张扬，作者善于融抒情于叙事之中，在对身世、家常、生活遭际朴实的叙述中，表现出对兄嫂及侄儿深切的怀念和痛惜，一往情深，感人肺腑。文章语意反复而一气贯注，最能体现在特定情景下散文的优长，具有浓厚的抒情色彩。旧《古文观止》吴氏评论说：『情之至者，自然流为至文。读此等文，须想其一面哭，一面写，字字是血，字字是泪。未尝有意为文，而文无不工。』



## 祭鳄鱼文（韩愈）

维年月日，潮州①刺史韩愈使军事衙推②秦济，以羊一、猪一，投恶溪③之潭水，以与鳄鱼食，而告之曰：

昔先王既有天下，列④山泽，罔⑤绳擉⑥刃，以除虫蛇恶物为民害者，驱而出之四海之外。及后王德薄，不能远有，则江汉之间，尚皆弃之以与蛮、夷、楚、越⑦；况潮岭海⑧之间，去京师万里哉！鳄鱼之涵淹卵育于此，亦固其所。今天子⑨嗣唐位，神圣慈武，四海之外，六合之内，皆抚而有之；况禹迹所揜⑩，扬州⑪之近地，刺史、县令之所治，出贡赋以供天地宗庙百神之祀之壤者哉？鳄鱼其不可与刺史杂处此土也。

刺史受天子命，守此土，治此民，而鳄鱼睅然⑫不安溪潭，据处食民畜、熊、豕、鹿、獐，以肥其身，以种其子孙；与刺史抗拒，争为长⑬雄；刺史虽驽⑭弱，亦安肯为鳄鱼低首下心，伈伈睍睍⑮，为民吏羞，以偷活于此邪！且承天子命以来为吏，固其势不得不与鳄鱼辨。

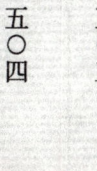

鳄鱼有知，其听刺史言：潮之州，大海在其南，鲸、鹏⑯之大，虾、蟹之细，无不归容，以生以食，鳄鱼朝发而夕至也。今与鳄鱼约：尽三日，其率丑类南徙于海，以避天子之命吏；三日不能，至五日；五日不能，至七日；七日不能，是终不肯徙也。是不有刺史、听从其言也；不然，则是鳄鱼冥顽⑰不灵，刺史虽有言，不闻不知也。夫傲天子之命吏，不听其言，不徙以避之，与冥顽不灵而为民物害者，皆可杀。刺史则选材技吏民，操强弓毒矢，以与鳄鱼从事，必尽杀乃止。其无悔！

## 注释

①潮州：州名，治所海阳（今广东潮安县），辖境相当于今广东省平远县、梅县、丰顺县、普宁县、惠来县以东地区。

②军事衙推：州刺史的属官。

③恶溪：在潮安境内，又名鳄溪、恶溪，韩江经此，合流而南。

④列：同「烈」。

⑤罔：同「网」。

⑥擉：刺。

⑦蛮夷、楚、越：蛮，古时对南方少数民族的贬称。夷，古时对东方少数民族的贬称。楚、越，泛指东南方偏远地区。

⑧岭海：岭，即越城、都宠、萌渚、骑田、大庾等五岭，地处今湘、赣、桂、粤边境。海，南海。

⑨今天子：指唐宪宗李纯。



⑩揜：同「掩」。

⑪扬州：传说大禹治水以后，把天下划为九州，扬州即其一。潮证古属扬州地域。

⑫睅然：瞪起眼睛，很凶狠的样子。

⑬长：用作动词。

⑭驽：劣马。

⑮伈伈睍睍：恐惧不敢正视。喻胆怯。

⑯鹏：传说中的巨鸟，由鲲变化而成，也能在水中生活。见《庄子·逍遥游》。

⑰冥顽：愚昧无知。

## 点评

作者被贬潮州后，听说境内的恶溪中有鳄鱼为害，把附近百姓的牲口都吃光了，于是写下了这篇《祭鳄鱼文》，劝诫鳄鱼搬迁。不久，恶溪之水西迁六十里，潮州境内永远消除了鳄鱼之患。

这一传说固不可信，但这篇文章仍不失为佳作。一般祭文的内容都是哀悼或祷祝，此文却实为檄文，如兴问罪之师，这也是韩愈为文的大胆之处。文章虽然短小，却义正词严，跌宕有力。正如曾国藩所评：『文气似司马相如《谕巴蜀檄》，但彼以雄深胜，此以矫健胜。』

## 柳子厚墓志铭（韩愈）

子厚[1]，讳宗元。七世祖庆[2]，为拓跋魏侍中，封济阴公。曾伯祖奭[3]，为唐宰相，与褚遂良[4]、韩瑗[5]俱得罪武后，死高宗朝。皇考[6]讳镇，以事母弃太常博士，求为县令江南。其后以不能媚权贵[7]，失御史。权贵人死[8]，乃复拜侍御史[9]。号为刚直[10]，所与游皆当世名人[11]。

子厚少精敏，无不通达。逮其父时[12]，虽少年，已自成人[13]，能取进士第[14]，崭然[15]见头角。众谓柳氏有子[16]矣。其后以博学宏词[17]，授集贤殿正字[18]。俊杰廉悍[19]，议论证据今古，出入[20]经史百子，踔厉风发[21]，率常屈[22]其座人。名声大振，一时皆慕与之交。诸公要人，争欲令出我门下[23]，交口荐誉之。

贞元十九年，由蓝田尉拜监察御史[24]。顺宗即位，拜礼部员外郎[25]。遇用事者[26]得罪，例出[27]为刺史。未至，又例贬永州司马[28]。居闲[29]，益自刻苦，务记览[30]，为词章，泛滥[31]停蓄[32]，为深博无涯涘。而自肆[33]于山水间。

元和中，尝例召至京师；又偕出[34]为刺史，而子厚得柳州[35]。既至，叹曰：『是岂不足为政邪[36]？』因其土俗[37]，为设教禁[38]，州人顺赖[39]。其俗以男女质钱[40]，约不时赎[41]，子本相侔[42]，则没[43]为奴婢。子厚与设方计[44]，悉[45]令赎归。其尤贫力不能者，令书其佣[46]，足相当[47]，则使归其质。观察使[48]下其法[49]于他州，比一岁，免而归者且千人。衡湘[50]以南为进士者，皆以子厚为师，其经承子厚口讲指画为文词者，悉有法度[51]可观。

其召至京师而复为刺史也，中山刘梦得[52]禹锡亦在遣中，当诣播州[53]。子厚泣曰：『播州非人所居，而梦得亲在堂[54]，吾不忍梦得之穷[55]，无辞以白其大人[56]；且万无母子俱往理。』请于朝，将拜疏[57]，愿以柳易播[58]，虽重得罪[59]，死不恨。遇有以梦得事白上者[60]，梦得于是改刺连州[61]。呜呼！士穷乃见节义。今夫平居里巷相慕悦，酒食游戏相徵逐[62]，诩诩[63]强笑语以相取下，握手出肺肝相示[64]，指天日涕泣，誓生死不相背负[65]，真若可信；一旦临小利害，仅如毛发比[66]，反眼若不相识。落陷穽[67]，不一引手救，反挤之，又下石焉者，皆是也。此宜禽兽夷狄所不忍为，而其人自视以为得计。闻子厚之风，亦可以少[68]愧矣。

子厚前时少年，勇于为人[69]，不自贵重顾籍[70]，谓功业可立就[71]，故坐[72]废退。既退，又无相知有气力得位者推挽[73]，故卒死于穷裔[74]。材不为世用，道不行于时也。使子厚在台省[75]时，自持其身，已能如司马刺史时，亦自不斥；斥时，有人力能举之，且必复用不穷。然子厚斥不久，穷不极，虽有出于人，其文学辞章，必不能自力[76]，以致必传于后如今，无疑也。虽使子厚得所愿，为将相于一时[77]，以彼易此，孰得孰失，必有能辨之者。

子厚以元和十四年[78]十一月八日卒，年四十七。以十五年七月十日，归葬万年先人墓[79]侧。子厚有子男二人：长曰周六，始四岁；季曰周七[80]，子厚卒乃生。女子二人，皆幼。其得归葬也，费皆出观察使河东裴君行立[81]。行立有节概[82]，重然诺[83]，与子厚结交，子厚亦为之尽[84]，竟赖其力。葬子厚于万年之墓者，舅弟卢遵[85]。遵，涿[86]人，性谨慎，学问不厌。自子厚之斥，遵从而家[87]焉，逮其死不去。既往葬子厚，又将经纪[88]其家，庶几[89]有始终者。

铭曰：『是惟子厚之室[90]，既固既安，以利其嗣人[91]。』

**注释**

①子厚：柳宗元的字。作墓志铭例当称死者官衔，因韩愈和柳宗元是笃交，故称字。

②七世祖庆：柳宗元七世祖柳庆在北魏时任侍中，入北周封为平齐公。子柳旦，任北周中书侍郎，封济阴公。韩愈所记有误。

③曾伯祖奭：字子燕，柳旦之孙，柳宗元高祖子夏之兄。当为高伯祖，此作曾伯祖误。

④褚遂良：字登善，曾做过吏部尚书、同中书门下三品、尚书右仆射等官。

⑤韩瑗：字伯玉，官至侍中，为救褚遂良，也被贬黜。

⑥皇考：古时在位皇帝对先皇的尊称，后引申为对先祖的尊称，在本文中指先父。

⑦权贵：这里指窦参。柳镇曾迁殿中侍御史，因不肯与御史中丞卢佋、宰相窦参一同诬陷侍御史穆赞，后又为穆赞平反冤狱，得罪窦参，被窦参以他事陷害贬官。

⑧权贵人死：其后窦参因罪被贬，第二年被唐德宗赐死。

⑨侍御史：御史台的属官，职掌纠察百僚，审讯案件。

⑩号为刚直：郭子仪曾表柳镇为晋州录事参军，晋州太守骄悍好杀戮，官吏不敢与他相争，而柳镇独能抗之以理，所以这样说。





⑪所与游皆当世名人：柳宗元有《先君石表阴先友记》，记载他父亲相与交游者计六十七人，书于墓碑之阴。并说『先君之所与友，凡天下善士举集焉。』

⑫逮其父时：在他父亲在世的时候。柳宗元童年时代，其父柳镇去江南，他和母亲留在长安。至十二、三岁时，柳镇在湖北、江西等地做官，他随父同去。柳镇卒于贞元九年（七九三年），柳宗元年二十一岁。逮，等到。

⑬已自成人：柳宗元十三岁即作《为崔中丞贺平李怀光表》，刘禹锡作集序说『子厚始以童子，有奇名于贞元初。』

⑭取进士第：贞元九年（七九三年）柳宗元进士及第，年二十一。

⑮崭然：突出，在这里指突出有所成就。

⑯有子：意谓有光耀楣门之子。

⑰博学宏词：柳宗元于贞元十二年（七九六年）中博学宏词科。唐制，进士及第者可应博学宏词考选，取中后即授予官职。

⑱集贤院正字：集贤殿，集贤殿书院，掌刊辑经籍，搜求佚书。正字，集贤殿置学士、正字等官，正字掌管编校典籍、刊正文字的工作。

⑲廉悍：方正、廉洁和坚毅有骨气。

⑳出入：融会贯通，深入浅出。

㉑踔厉风发：议论纵横，言辞奋发，见识高远。踔，远。厉，高。

㉒屈：使之屈服。

㉓令出我门下：意谓都想叫他做自己的门生以沾光彩。

㉔监察御史：御史台的属官，掌分察百僚，巡按郡县，纠视刑狱，整肃朝仪诸事。

㉕礼部员外郎：官名，掌管辨别和拟定礼制之事及学校贡举之法。

㉖用事者：掌权者，指王叔文。唐顺宗做太子时，王叔文任太子属官，顺宗登位后，王叔文任户部侍郎，深得顺宗信任。于是引用新进，施行改革。旧派世族和藩镇宦官拥立其子李纯为宪宗，将王叔文贬黜，后来又将其杀戮。和柳宗元同时贬作司马的共八人，号「八司马」。

㉗例出：按规定遣出。

㉘司马：本是州刺史属下掌管军事的副职，唐时已成为有职无权的冗员。

㉙居闲：指公事清闲。

㉚记览：记诵阅览。此喻刻苦为学。

㉛泛滥：文笔汪洋恣肆。

㉜停蓄：文笔雄厚凝练。

㉝肆：放情。

㉞偕出：元和十年（八一五年），柳宗元等「八司马」同时被召回长安，但又同被迁往更远的地方。

㉟柳州：唐置，属岭南道，即今广西柳州市。





㊱是岂不足为政邪：意谓这里难道就不值得实施政教吗？

㊲土俗：当地的风俗。

㊳教禁：教谕和禁令。

㊴顺赖：顺从信赖。

㊵质：典当，抵押。

㊶不时赎：不按时赎取。

㊷子本相侔：利息和本金相等时。子，子金，即利息。本，本金。相侔，相等。

㊸没：没收。

㊹与设方计：替债务人想方设法。

㊺悉：全部。

㊻佣：当雇工。此指雇工劳动所值，即工资。

㊼足相当：意谓佣工所值足以抵消借款本息。

㊽观察使：又称观察处置使，是中央派往地方掌管监察的官。

㊾下其法：推行赎回人质的办法。

㊿衡湘：衡山、湘水，泛指岭南地区。

⑤① 法度：规范。

⑤② 刘梦得：名禹锡，彭城（今江苏铜山县）人，中山为郡望。其祖先汉景帝子刘胜曾封中山王。王叔文失败后，刘禹锡被贬为郎州司马，这次召还入京后又贬播州刺史。

⑤③ 播州：今贵州绥阳县。

⑤④ 亲在堂：母亲健在。

⑤⑤ 穷：困窘。

⑤⑥ 大人：父母。此指刘禹锡之母。此句谓这种不幸的处境难以向老母讲。

⑤⑦ 拜疏：上呈奏章。

⑤⑧ 以柳易播：意指柳宗元自愿到播州去，让刘禹锡去柳州。

⑤⑨ 重得罪：再加一重罪。

⑥⓪ 「遇有」句：指当时御史中丞裴度、崔群上疏为刘禹锡陈情一事。

⑥① 连州：唐属岭南道，州治在今广东连县。

⑥② 征逐：往来频繁。征，约之来。逐，随之去。

⑥③ 诩诩：夸大的样子，讨好取媚的样子。

⑥④ 出肺肝相示：譬喻做出非常诚恳和坦白的样子。



⑥⑤ 背负：背叛，变心。

⑥⑥ 如毛发比：譬喻事情之细微。比，类似。

⑥⑦ 陷穽：圈套，祸难。

⑥⑧ 少：稍微。

⑥⑨ 为人：助人。此处有认为柳宗元参加王叔文集团是政治上的失慎之意。所以下面说「不自贵重」。

⑦⓪ 顾籍：顾惜。

⑦① 立就：即刻获得。

⑦② 坐：因他人获罪而受牵连。

⑦③ 推挽：推举提携。

⑦④ 穷裔：穷困的边远地方。

⑦⑤ 台省：御史台和尚书省。

⑦⑥ 自力：自我努力。

⑦⑦ 为将相于一时：被贬「八司马」中，只有程异后来得到李巽推荐，位至宰相，但不久便死，也没有什么政绩。此处暗借程异作比。

⑦⑧ 元和：唐宪宗年号。十四年，即八一九年。

⑦⑨ 万年先人墓：在今陕西临潼县东北万年县之栖凤原。

⑧⓪周七：即柳告，字用益，柳宗元遗腹子。

⑧①裴行立：绛州稷山（今山西稷山县）人，时任桂管观察使，是柳宗元的上司。

⑧②节概：节操度量。

⑧③重然诺：看重许下的诺言。

⑧④尽：尽心，尽力。

⑧⑤卢遵：柳宗元舅父之子。

⑧⑥涿：今河北涿州。

⑧⑦从而家：跟从柳宗元以为己家。

⑧⑧经纪：经营、料理。

⑧⑨庶几：近似，差不多。

⑨⓪室：幽室，即墓穴。

⑨①嗣人：子孙后代。

点评

墓志铭自有其体例，能积极利用体例，又不完全受它的限制方为上品。此文先述子厚先世，重在表现其刚直的节操风骨；后写裴行立、卢遵二人对子厚后事安排和家属抚恤的尽心尽力，表现他们生死不变的友情。这些都可与墓主风概相映照，而使全文成为一个有机的整体。

作者在文章里浸透和倾注了丰沛的情感，愤激之笔频出，不平之鸣屡见，行文之中自然而然地打破了传统碑志文的形式，形成了夹叙夹议、议论横生、深沉蕴藉、诚挚委婉的特殊风格韵味。沈德潜评语说：『噫郁苍凉，墓志中千秋绝唱！』对此文概括得颇为到位。

## 驳复仇议（柳宗元）

臣伏见天后①时，有同州②下邽人徐元庆者，父爽为县吏赵师韫③所杀，卒能手刃父仇，束身归罪。当时谏臣陈子昂④建议诛之而旌其闾；且请『编之于令，永为国典』。臣窃独过⑤之。

臣闻礼⑥之大本，以防乱也，若曰无为贼虐，凡为子者杀无赦；刑之大本，亦以防乱也，若曰无为贼虐，凡为理者杀无赦。其本则合，其用则异，旌与诛莫得而并焉。诛其可旌，兹谓滥，黩刑⑦甚矣；旌其可诛，兹谓僭⑧，坏礼甚矣。果以是示于天下，传于后代，趋义者不知所向，违害者不知所立，以是为典可乎？盖圣人之制⑨，穷理以定赏罚，本情以正褒贬，统于一而已矣。

向使刺谳⑩其诚伪，考正其曲直，原⑪始而求其端，则刑礼之用，判然离矣。何者？若元庆之父，不陷于公罪，师韫之诛，独以其私怨，奋其吏气，虐于非辜，州牧⑫不知罪，刑官不知问，上下蒙冒⑬，吁号不闻；而元庆能以戴天⑭为大耻，枕戈⑮为得礼，处心积虑，以冲仇人之胸，介然自克⑯，即死无憾，是守礼而行义也。执事者宜有惭色，将谢之⑰不暇，而又何诛焉？

其或元庆之父，不免于罪，师韫之诛，不愆⑱于法，是非死于吏也，是死于法也。法其可仇乎？仇天子之法，而戕⑲奉法之吏，是悖骜⑳而凌上也。执而诛之，所以正邦典㉑，而又何旌焉？






且其议曰：『人必有子，子必有亲，亲亲相仇，其乱谁救？』是惑于礼也甚矣。礼之所谓仇者，盖其冤抑沉痛而号无告也；非谓抵罪触法，陷于大戮。而曰『彼杀之，我乃杀之』。不议曲直，暴寡胁弱而已。其非经背圣，不亦甚哉！

《周礼》㉒：『调人㉓，掌司万人之仇。凡杀人而义者，令勿仇；仇之则死。有反杀者，邦国交仇之。』又安得亲亲相仇也？《春秋公羊传》㉔曰：『父不受诛，子复仇可也。父受诛，子复仇，此推刃㉕之道，复仇不除害。』今若取此以断两下相杀，则合于礼矣。且夫不忘仇，孝也；不爱死，义也。元庆能不越于礼，服孝死义，是必达理而闻道者也。夫达理闻道之人，岂其以王法为敌仇者哉？议者反以为戮，黩刑坏礼，其不可以为典，明矣。

请下臣议附于令。有断斯狱者，不宜以前议从事。谨议。

注释

① 天后：即武则天，名曌，唐高宗李治永徽六年（六五五年）被立为皇后，李治在世时即参预国政。后废睿宗李旦自立，称『神圣皇帝』，改国号为周，在位十六年。中宗李哲复位后，被尊为『则天大圣皇帝』，后人因称武则天。

② 同州：唐代州名，辖境相当于今陕西省大荔、合阳、韩城、澄城、白水等县一带。

③ 县吏赵师韫：当时的下邽县尉。

④ 陈子昂：字伯玉，武后时曾任右拾遗，为谏诤之官。

⑤过：错误，失当。
⑥礼：封建时代道德和行为规范的泛称。
⑦黩刑：滥用刑法。黩，轻率。
⑧僭：超出本分。
⑨制：制定，规定。
⑩刺谳：审理判罪。
⑪原：推究。
⑫州牧：州的行政长官。
⑬蒙冒：蒙蔽，包庇。
⑭戴天：头上顶着天，意即和仇敌共同生活在一个天地里。
⑮枕戈：睡觉时枕着兵器。
⑯自克：自我控制。
⑰谢之：向他认错。
⑱愆：过错。
⑲戕：杀害。







⑳悖骜：桀骜不驯。悖，违背。骜，傲。
㉑邦典：国法。
㉒《周礼》：又名《周官》《周官经》，儒家经典之一。内容是汇编周王室的官制和战国时代各国的制度等历史资料。
㉓调人：周代官名。
㉔《春秋公羊传》：即《公羊传》，为解释《春秋》的三传之一，战国时齐人、子夏弟子公羊高作。
㉕推刃：往来相杀。

**点评**

有人杀死杀父仇人后自首，陈子昂认为这人擅自杀人，依律应当处死，但因为是替父报仇，所以同时应予表彰，并建议将此事编入律令。大家都赞同陈子昂的主张，本文是用来驳斥陈子昂的主张的。

文章从『礼』和『刑』的辩证关系，援引了儒家的经典著作，说明圣人『穷理以定赏罚，本情以正褒贬』之说，批驳对『诛之而旌其闾』错误论点：『诛』和『旌』是矛盾的，怎么能同时施加在同一个人身上呢？论点明确，论据详实，论证手段缜密透辟，语言犀利明快，遣词恰如其分，反映了作者散文『峻洁廉悍』的风格。

## 桐叶封弟辨（柳宗元）

古之传者[1]有言：成王[2]以桐叶与小弱弟[3]戏，曰：『以封汝。』周公[4]入贺。王曰：『戏也。』周公曰：

『天子不可戏。』乃封小弱弟于唐⑤。

吾意不然。王之弟当封邪，周公宜以时言于王，不待其戏而贺以成之也。不当封邪，周公乃成其不中之戏⑥，以地以人与小弱者为之主，其得为圣乎？且周公以王之言不可苟⑦焉而已，必从而成之邪？设有不幸，王以桐叶戏妇寺⑧，亦将举⑨而从之乎？凡王者之德，在行之何若。设未得其当，虽十易之不为病⑩；要于其当，不可使易也，而况以其戏乎！若戏而必行之，是周公教王遂⑪过也。

吾意周公辅成王，宜以道⑫，从容优乐⑬，要归之大中⑭而已，必不逢其失而为之辞⑮。又不当束缚之，驰骤⑯之，使若牛马然，急则败矣。且家人父子尚不能以此自克⑰，况号为君臣者邪！是直⑱小丈夫缺缺⑲者之事，非周公所宜用，故不可信。

或曰：封唐叔⑳，史佚㉑成之。

注释

①传者：书传。此指《吕氏春秋·重言》和刘向《说苑·君道》所载周公促成桐叶封弟的故事。

②成王：姓姬名诵，西周初期君主，周武王之子，十三岁继承王位，因年幼，由叔父周公摄政。

③小弱弟：指周成王之弟叔虞。

④周公：姓姬名旦，周武王之弟，周朝开国大臣。

⑤唐：古国名，在今山西省翼城县一带。

⑥不中之戏：不适当的游戏。

⑦苟：轻率，随便。

⑧妇寺：宫中的妃嫔和太监。

⑨举：指君主的行动。

⑩病：弊病。

⑪遂：成。

⑫道：指思想和行为的规范。

⑬优乐：嬉戏，娱乐。

⑭大中：指适当的道理和方法，不偏于极端。

⑮辞：解释，掩饰。

⑯驰骤：指被迫奔跑。

⑰自克：自我约束。克，克制，约束。

⑱直：只是，只不过。

⑲缺缺：耍小聪明的样子。缺，原文『垂夬』。

⑳唐叔：即叔虞。

㉑史佚：周武王时的史官尹佚。史佚促成桐叶封弟的说法，见《史记·晋世家》。

**点评**

此文在写作上很有特色。一是对古代的圣人周公提出了大胆的批评。二是更大胆地就此借题发挥，旨在说明对君主的一言一行要从实际效果上来观察，而不应盲从。作者首先扼要地介绍了『桐叶封弟』的史料，然后斩钉截铁地亮明了自己的态度：『吾意不然。』接着指出问题的关键在于『当封』或『不当封』，而不在于这是谁的意图。最后提出了周公应该用什么方式来辅佐成王。全文丝丝入扣，有破有立，立论明确，读后令人为之叹服。特别是结尾的『或曰』一句，使全文的论证留有余地，更是耐人寻味。

## 箕子碑（柳宗元）

凡大人之道有三：一曰正蒙难，二曰法授圣，三曰化及民。殷有仁人曰箕子①，实具兹道以立于世，故孔子述六经之旨，尤殷勤焉。

当纣之时，大道悖乱，天威之动不能戒，圣人之言无所用。进死以并命，诚仁矣，无益吾祀，故不为。委身以存祀，诚仁矣，与亡吾国，故不忍。具是二道，有行之者矣。是用保其明哲，与之俯仰；晦是谟范②，辱于囚奴；昏而无邪，隤而不息③；故在易曰『箕子之明夷④』，正蒙难也。及天命既改，生人以正，乃出大法，用为圣师。周人得以序彝⑤伦而立大典；故在书曰『以箕子归作《洪范》⑥』，法授圣也。及封朝鲜，推道训俗，惟德无陋，惟人无远，用广殷祀，俾夷为华，化及民也。率是大道，从于厥躬，天地变化，我得其正，其大人欤？

呜乎！当其周时未至，殷祀未殄⑦，比干已死，微子已去，向使纣恶未稔⑧而自毙，武庚⑨念乱以图存，国无其人，谁与兴理？是固人事之或然者也。然则先生隐忍而为此，其有志于斯乎？

唐某年，作庙汲郡，岁时致祀。嘉先生独列于易象，作是颂云：

蒙难以正，授圣以谟。宗祀用繁，夷民其苏。宪宪大人，显晦不渝。圣人之仁，道合隆污。明哲在躬，不陋为奴。冲让居礼，不盈称孤。高而无危，卑不可逾。非死非去，有怀故都。时诎而伸，卒为世模。易象是列，文王为徒。大明宣昭，崇祀式孚。古阙颂辞，继在后儒。

**注释**

①箕子：名胥余，商纣王叔父，因封在箕地，又称箕子。

②谟范：谋划的原则。

③隤：跌倒。

④明夷：卦名，象征暗君在上、明臣在下，明臣隐藏起自己的智慧。

⑤彝：常规。

⑥《洪范》：相传为禹时的文献，箕子增订并献给周武王。

⑦殄：灭绝。

⑧未稔：没成熟，没达到顶点。

⑨武庚：名禄父，纣王子。周武王灭商，封武庚以存殷祀。武王死，武庚与管叔蔡叔反叛被杀。

**点评**

本文是为箕子庙写的碑文。文中提出了品德高尚的人立身处世的三个要点，并逐条用人物的行为来加以阐述：要蒙受苦难，坚守正道；把法典传授给明君；将教化施及人民。文章高度赞颂了箕子既忠贞又富有智慧，忍辱负重，辅助圣王建立国家典章制度，推崇教化治理人民的重大业绩，并指出箕子为商朝图存的本意。脉络清晰，对人物评价中肯到位，借赞美箕子来寄托自己的信念和抱负，所以虽以议论为主，却蕴含着深厚的感情和无限的感慨。







## 捕蛇者说（柳宗元）

永州之野产异蛇，黑质①而白章②；触草木，尽死；以③啮人，无御之者。然得而腊④之以为饵⑤，可以已大风⑥挛踠瘘、疠，去死，杀三虫⑦其始，太医以王命聚之，岁赋⑧其二，募有能捕之者，当其租⑨人。永之人争奔走⑩焉。

有蒋氏者，专其利三世矣。问之，则曰：『吾祖死于是，吾父死于是。今吾嗣为之十二年，几死者数矣。』言之，貌若甚戚者。余悲之，且曰：『若⑪毒⑫之乎？余将告于莅事⑬者，更若役，复若赋，则何如？』

蒋氏大戚，汪然出涕曰：『君将哀而生之乎？则吾斯役之不幸，未若复吾赋不幸之甚也。向吾不为斯役，则久已病⑭矣。自吾氏三世居是乡，积于今六十岁矣，而乡邻之生日蹙。殚其地之出，竭其庐⑮之入，号呼而转徙，饥渴而顿踣，触风雨，犯寒暑，呼嘘毒疠，往往而死者相藉也。曩与吾祖居者，今其室十无一焉，与吾父居者，今其室十无二三焉，与吾居十二年者，今其室十无四五焉，非死则徙尔，而吾以捕蛇独存。悍吏之来吾乡，叫嚣⑯乎东西，隳突⑰乎南北，哗然而骇者，虽鸡狗不得宁焉。吾恂恂⑱而起，视其缶⑲，而吾蛇尚存，则弛然而卧。谨食之⑳，时而献焉。退而甘食其土之有，以尽吾齿。盖一岁之犯死者二焉，其余则熙熙㉑而乐，岂若吾乡邻之旦旦㉒有是哉！今虽死乎此，比吾乡邻之死则已后矣，又安敢毒耶？』

余闻而愈悲。孔子曰：『苛政猛于虎也。』吾尝疑乎是，今以蒋氏观之，犹信。呜呼！孰知赋敛之毒有甚是蛇者乎？故为之说，以俟夫观人风㉓者得焉。

**注释**

①质：质地，底子。

②章：花纹。

③以：假设连词，如果。

④腊：干肉，这里作动词用，指把蛇肉晾干。
⑤饵：糕饼，这里指药饵。即药引子。
⑥大风：麻风病。
⑦三虫：泛指人体内的寄生虫。
⑧赋：征收、敛取。
⑨租：税收。
⑩奔走：指忙着做某件事。
⑪若：第二人称代词，你。
⑫毒：怨恨。
⑬莅事：视事，处理公务。
⑭病：困苦。
⑮庐：简陋的房屋。
⑯嚣：叫喊。
⑰隳突：骚扰。
⑱恂恂：提心吊胆的样子。



⑲缶：瓦罐。
⑳谨食：小心的喂养它。
㉑熙熙之：快乐的样子。
㉒旦旦：天天。
㉓人风：即民风。唐代为了避李世民的讳，用『人』字代『民』字。

**点评**

说是一种文体，可以议论，也可以叙事，本文讲述捕蛇人的事情。开头至『无御之者』，极力刻画出蛇的毒性和功用之异常，而这也是造成永州捕蛇者命运悲剧的重要原因。作者仅用『争奔走』三个字，就写出了永州百姓争先恐后、冒死捕蛇的情形。第二部分写捕蛇者自述悲惨遭遇，是全文的重心，主要用对比手法：『以捕蛇独存』和乡亲们『非死则徙』相对比；以他『弛然而卧』和乡亲们的惊恐相对比；以他『一岁之犯死者二』和乡邻『旦旦有是』相对比，说明捕蛇之不幸，确实『未若复吾赋不幸之甚也』。尾段以孔子『苛政猛于虎』的话类推出『孰知赋敛之毒有甚是蛇者乎』这一结论，并表现出作者遭贬后位卑权轻，只有寄希望于那些视察民风的封建官员的无奈。

## 种树郭橐驼传（柳宗元）

郭橐驼①，不知始何名。病偻，隆然伏行②，有类橐驼者，故乡人号之『驼』。驼闻之，曰：『甚善，名我固当。」因舍其名，亦自谓橐驼云。

其乡曰丰乐乡，在长安西。驼业种树，凡长安豪富人为观游及卖果者，皆争迎取养③。视驼所种树，或移徙，无不活，且硕茂，早实以蕃。他植者，虽窥伺效慕，莫能如也。

有问之，对曰：「橐驼非能使木寿且孳④也，能顺木之天，以致其性焉尔。凡植木之性，其本欲舒，其培欲平，其土欲故⑤，其筑欲密既然已，勿动勿虑，去不复顾。其莳也若子，其置也若弃，则其天者全而其性得矣。故吾不害其长而已，非有能硕茂之也；不抑耗⑥其实而已，非有能早而蕃之也。他植者则不然，根拳而土易，其培之也，若不过焉则不及。苟有能反是者，则又爱之太恩，忧之太勤，旦视而暮抚，已去而复顾，甚者爪其肤以验其生枯，摇其本以观其疏密，而木之性日以离⑦矣。虽曰爱之，其实害之；虽曰忧之，其实仇之，故不我若也。吾又何能为哉！」

问者曰：「以子之道，移之官理⑧，可乎？」驼曰：「我知种树而已，理，非吾业也。然吾居乡，见长人者好烦其令，若甚怜焉⑨，而卒以祸。旦暮吏来而呼曰：『官命促尔耕，勖尔植，督尔获，早缫而绪，早织而缕，字而幼孩，遂而鸡豚⑩。』鸣鼓而聚之，击木而召之⑪。吾小人辍飧饔⑫以劳吏者，且不得暇，又何以蕃吾生⑬而安吾性⑭耶？故病且怠。若是，则与吾业者其亦有类乎？」

问者曰：「嘻，不亦善夫！吾问养树，得养人术。」传其事以为官戒。





注释

①橐驼：骆驼。
②伏行：指弯着腰走路。
③争迎取养：即争着把他雇到家中。
④孳：繁殖得多。
⑤故：旧，指树苗移栽前扎根的土壤。
⑥抑耗：抑制、损耗。
⑦「日以离」，言树木的生命力一天天减弱。
⑧官理：为官治民。理，治。
⑨长人者：做官的人。
⑩缫：煮茧抽丝。
⑪木：指梆子。
⑫飧饔：晚餐和早餐。
⑬蕃吾生：意谓使我们人丁兴旺。
⑭安吾性：意谓使我们生活安定。

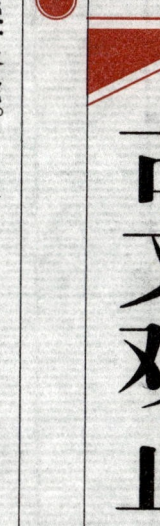

点评

本文题目虽称为『传』，但并非仅是一般的人物传记，也是一篇寓言体叙事性散文。文章以老庄学派的无为而治，顺乎自然的思想为出发点，借郭橐驼之口，由种树的经验说到为官治民的道理，说明封建统治阶级有时打着爱民、忧民或恤民的幌子，却收到适得其反的效果，仍旧民不聊生。

这样的主题思想和人物形象显然借鉴了《庄子》的写作手法。上半篇为橐驼之传，目的是为下半篇的论述张本；下半篇的治民之理是上半篇种树之道的类比和引申，前宾后主，上下相应，事理相生，发挥了寓言体杂文笔法的艺术表现力。

## 梓人[1]传（柳宗元）

裴封叔之第，在光德里。有梓人款[2]其门，愿佣隙宇而处焉。所职，寻、引[3]、规、矩、绳、墨，家不居砻斫之器[4]。问其能，曰：『吾善度材，视栋宇之制，高深圆方短长之宜，吾指使而群工役焉。舍我，众莫能就一宇。故食于官府，吾受禄三倍；作于私家，吾收其直[5]太半焉。』他日，入其室，其床阙足而不能理，曰：『将求他工。』余甚笑之，谓其无能而贪禄嗜货者。

其后京兆尹将饰官署，余往过焉。委群材，会群工，或执斧斤，或执刀锯，皆环立。向之梓人左持引，右执杖，而中处焉。量栋宇之任，视木之能举，挥其杖，曰『斧！』彼执斧者奔而右；顾而指曰：『锯！』彼执锯者趋而左。俄而，斤者斫，刀者削，皆视其色，俟其言，莫敢自断者。其不胜任者，怒而退之，亦莫敢愠焉。画宫于堵，盈尺而曲尽其制，计其毫厘而构大厦，无进退焉。既成，书于上栋曰：『某年、某月、某日、某建』。则其姓字也。凡执用之工不在列。余圜视大骇，然后知其术之工大矣。

继而叹曰：彼将舍其手艺，专其心智，而能知体要者欤！吾闻劳心者役人，劳力者役于人。彼其劳心者欤！能者用而智者谋，彼其智者欤！是足为佐天子，相天下法矣。物莫近乎此也。彼为天下者，本于人。其执役者为徒隶，为乡师、里胥；其上为下士；又其上为中士，为上士；又其上为大夫，为卿，为公。离而为六职[6]，判而为百役。外薄四海，有方伯连率[7]。郡有守，邑有宰，皆有佐政；其下有胥吏，又其下皆有啬夫[8]版尹[9]以就役焉，犹众工之各有执伎以食力也。

彼佐天子相天下者，举而加焉，指而使焉，条其纲纪而盈缩焉，齐其法制而整顿焉；犹梓人之有规矩、绳墨以定制也。择天下之士，使称其职；居天下之人，使安其业。视都知野，视野知国，视国知天下，其远迩细大，可手据其图而究焉，犹梓人画宫于堵而绩于成也。能者进而由之，使无所德；不能者退而休之，亦莫敢愠。不炫能，不矜名，不亲小劳，不侵众官，日与天下之英才，讨论其大经，犹梓人之善运众工而不伐艺也。夫然后相道得而万国理矣。

相道既得，万国既理，天下举首而望曰：『吾相之功也！』后之人循迹而慕曰：『彼相之才也！』士或谈殷、周之理者，曰：『伊、傅、周、召[10]。』其百执事之勤劳，而不得纪焉；犹梓人自名其功，而执用者不列也。大哉相乎！通是道者，所谓相而已矣。其不知体要者反此；以恪勤为公，以簿书为尊，炫能矜名，亲小劳，侵众官，窃取六职、百役之事，听听⑪于府庭，而遗其大者远者焉，所谓不通是道者也。犹梓人而不知绳墨之曲直，规矩之方圆，寻引之短长，姑夺众工之斧斤刀锯以佐其艺，又不能备其工，以至败绩，用而无所成也，不亦谬欤！

或曰：『彼主为室者，傥⑫或发其私智，牵制梓人之虑，夺其世守，而道谋⑬是用。虽不能成功，岂其罪耶？亦在任之而已！』

余曰：『不然！夫绳墨诚陈，规矩诚设，高者不可抑而下也，狭者不可张而广也。由我则固，不由我则圮。彼将乐去固而就圮也，则卷其术，默其智，悠尔而去。不屈吾道，是诚良梓人耳！其或嗜其货利，忍而不能舍也，丧其制量，屈而不能守也，栋桡屋坏，则曰：「非我罪也！」可乎哉？可乎哉？』

余谓梓人之道类于相，故书而藏之。梓人，盖古之审曲面势者，今谓之『都料匠』云。余所遇者，杨氏，潜其名。





注释

①梓人：木工，建筑工匠。

②款：叩。

③寻、引：度量工具。

④砻斫之器：磨、砍的工具。

⑤直：通『值』。

⑥六职：指中央政府的吏、户、礼、兵、刑、工六部。

⑦方伯连率：方伯，古代诸侯的领袖。连率（同『帅』），盟主、统帅。二者均指地方长官。

⑧啬夫：相当于乡官，主管诉讼和赋税。

⑨版尹：管户口的小官。

⑩伊、傅、周、召：伊尹、傅说、周公、召公。

⑪听听：争辩的样子。

⑫傥：同『倘』。

⑬道谋：过路人的意见。

点评

本文作者通过一个梓人『善度材』『善用众工』的故事，生动形象地阐明了当宰相治理国家的道理。

文章一开始，写梓人求租偏房，工具很多，自言没有他，别人甚至盖不成房子，可是自己的桌腿坏了，却要请别人来修理。而接下来写梓人指挥众人的场面，却如大将临敌，纵横捭阖，有条不紊。由此展开议论，认为宰相治国的要点就在于『择天下之士，使称其职』『能者进而由之，使无所德；不能者退而休之，亦莫敢愠』。如果没有全局观念，谨小慎微，忙忙碌碌，侵夺下属应做的事拿来自己做，是不会收到好的管理效果的。

比拟形象，行文曲折，描写生动，言论风生，叙议结合，层层深入，很能发人深省。

## 愚溪诗序（柳宗元）

灌水①之阳②有溪焉，东流入于潇水③。或曰：冉氏尝居也，故姓是溪为冉溪。或曰：可以染也，名之以其能④，故谓之染溪。予以愚触罪⑤，谪潇水上。爱是溪，入二三里，得其尤绝⑥者家⑦焉。古有愚公谷⑧，今予家是溪，而名莫能定，士之居者，犹龂龂然⑨，不可以不更⑩也，故更之为愚溪。

愚溪之上，买小丘，为愚丘。自愚丘东北行六十步，得泉焉，又买居之⑪，为愚泉。愚泉凡六穴，皆出山下平地，盖上出⑫也。合流屈曲而南⑬，为愚沟。遂负土累石⑭，塞其隘⑮，为愚池。愚池之东为愚堂。其南为愚亭。池之中为愚岛。嘉木异石错置⑯，皆山水之奇者，以予故，咸以愚辱⑰焉。

夫水，智者乐⑱也。今是溪独见辱于愚，何哉？盖其流甚下，不可以溉灌。又峻急⑲多坻石⑳，大舟不可入也。幽邃㉑浅狭，蛟龙不屑㉒，不能兴云雨，无以利世，而适㉓类于予，然则虽辱而愚之，可也。宁武子『邦无道则愚』㉔，智而为愚者也；颜子『终日不违如愚』㉕，睿㉖而为愚者也。皆不得为真愚。今予遭有道㉗而违于理，悖㉘于事，故凡为愚者，莫我若也。夫然，则天下莫能争是溪，予得专而名焉。

溪虽莫利于世，而善鉴㉙万类㉚，清莹㉛秀澈㉜，锵鸣金石㉝，能使愚者喜笑眷慕㉞，乐而不能去也。予虽不合于俗，亦颇以文墨㉟自慰，漱涤㊱万物，牢笼㊲百态，而无所避之。以愚辞㊳歌愚溪，则茫然而不违，昏然而同归㊴，超鸿蒙㊵，混希夷㊶，寂寥而莫我知也㊷。于是作《八愚诗》，纪于溪石上。







注释

①灌水：湘江支流，在今广西东北部，今称灌江。

②阳：水的北面。

③潇水：在今湖南省道县北，因源出潇山，故称潇水。

④能：胜任的，能做到的。

⑤以愚触罪：唐宪宗时，柳宗元因参加王叔文政治集团革新政治失败，被贬永州。愚，指此事。

⑥尤绝：更好的，指风景极佳美的。

⑦家：居住。

⑧愚公谷：在今山东省淄博市北。刘向《说苑·政理》曾记载此谷名称的由来『齐桓公出猎，入山谷中，见一老翁，问曰：「是为何谷？」对曰：「愚公之谷。」桓公问其故，曰：「以臣名之。」』

⑨龂龂然：争辩的样子。

⑩更：易，改换名称。

⑪买居之：买下来以为己有。居，占有、拥有。

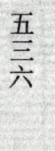

⑫上出：指泉向上冒。

⑬合流屈曲而南：泉水汇合后弯弯曲曲地向南流去。

⑭负土累石：指运土堆石。负，背。累，堆积。

⑮塞其隘：堵住水沟狭窄的地方。

⑯错置：交错布置，以求变化。

⑰辱：屈辱。

⑱乐：喜爱，爱好。此句语出《论语·雍也》「知者乐水，仁者乐山。」

⑲峻急：湍急。

⑳坻：水中的高地或小洲。

㉑幽邃：深远。

㉒不屑：因轻视而不肯做或不愿做。

㉓适：恰好。

㉔宁武子：春秋时卫国大夫宁俞，「武」是谥号。此句语出《论语·公冶长》「子曰：「宁武子，邦有道则智，邦无道则愚。其智可及也，其愚不可及也。」」意谓宁武子乃佯愚，并非真愚。

㉕颜子：颜回，字子洲，孔子学生。此句语出《论语·为政》「子曰：「吾与回言终日，不违如愚。退而省其私，亦足以发，回也不愚。」」意谓颜回听孔子讲学，从不提不同看法，好像很愚笨。但考察他私下的言行，发现他不但懂得孔子的话，而且还有所发挥，可见他不愚。

㉖睿：通达，明智。

㉗有道：指政治清明的时代。

㉘悖：违背，逆而不顺。

㉙鉴：照。

㉚万类：万物。

㉛清莹：形容水如玉色光洁。

㉜澈：清澄。

㉝锵鸣金石：水声像金石一样铿锵作响。锵，金石撞击声。金石，用金属、石头制成的钟、磬一类乐器。

㉞眷慕：眷恋，爱慕。

㉟文墨：指写作。

㊱漱涤：洗涤。

㊲牢笼：包罗，概括。

㊳愚辞：指所作序的《八愚诗》，诗已失传。

㊴不违、同归：此处都是谐合的意思。两句谓茫茫然昏昏然好像同愚溪融为一体。

㊵超鸿蒙：指超越天地尘世。鸿蒙，指宇宙形成以前的混沌状态。语出《庄子·在宥》：『云将东游，过扶摇之枝，而适遭鸿蒙。』

㊶混希夷：指与自然混同，物我不分。希夷，虚寂玄妙的境界。语出《老子》：『视之不见名曰夷，听之不闻名曰希，搏之不得名曰微。此三者，不可致诘，故混而为一。』

㊷寂寥而莫我知也：谓连自己的存在也忘记了。寂寥，寂静空阔。

**点评**

本是一篇诗序，而读来却像一篇景物记，直到最后才点出主题旨。这是本文的第一个巧妙之处。

作为景物记，作者也不是客观地描摹自然风景，而是托物兴辞，以一个『愚』字自嘲不已，又无故将所居山水尽数拖入浑水中，一齐嘲杀，然后又以溪不失其为溪者代溪解嘲，以己不失为己者自为解嘲，使溪与自己同归化境，匪夷所思。这是第二个巧妙之处。

愚溪具有『清莹秀澈』的美景，却被弃于凄清冷寂的荒野，欣赏愚溪美景的只有痛苦的柳宗元，而在对于幽奇秀美的山光水色的欣赏中，处处看到自己的影子。这是本文的第三个巧妙处。

文中虽然嘲弄一切，但止于牢骚而已，即使怨家读了也不能有所恨，因为对任何人都无敌意，而且不见一毫牵强，非通天人性命之源的人决不能达到这一境地。这是本文的第四个巧妙之处。还很多其他很巧妙之处，请读者自己体会。



## 永州韦使君①新堂记（柳宗元）



将为穹谷嵁岩渊池②于郊邑之中，则必辇③山石，沟④涧壑，陵绝⑤险阻，疲极人力，乃可以有为也。然而求天作地生之状，咸无得焉。逸其人，因其地，全其天，昔之所难，今于是乎在。

永州实惟九疑⑥之麓。其始度⑦土者，环山为城。有石焉，翳于奥草⑧；有泉焉，伏于土涂⑨。蛇虺⑩之所蟠，狸鼠之所游。茂树恶木，嘉葩⑪毒卉，乱杂而争植，号为秽墟。

韦公之来既逾月，理⑫甚无事，望其地，且异之。始命芟⑬其芜，行⑭其涂积之丘如，蠲⑮之浏如。既焚既酾⑯，奇势迭出。清浊辨质，美恶异位。视其植，则清秀敷舒；视其蓄⑰，则溶漾⑱纡余，怪石森然，周于四隅⑲。或列或跪，或立或仆，窍穴⑳逶邃，堆阜突怒。乃作栋宇㉑，以为观游。凡其物类，无不合形辅势，效伎于堂庑㉒之下。外之连山高原，林麓之崖，间厕㉓隐显。迩㉔延野绿，远混天碧，咸会于谯门㉕之内。

已乃延㉖客入观，继以宴娱。或赞且贺曰：『见公之作，知公之志。公之因土而得胜，岂不欲因俗以成化？公之择㉗恶而取美，岂不欲除残而佑仁？公之蠲浊而流清，岂不欲废贪而立廉？公之居高以望远，岂不欲家抚而户晓㉘？夫然，则是堂也，岂独草木土石水泉之适欤？山原林麓之观欤？将使继公之理者，视其细，知其大也。』宗元请志诸石，措㉙诸壁，编以为二千石㉚楷法。

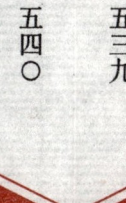

注释

①韦使君：即韦宙，永州刺史。

②穹谷嵁岩渊池：深谷，峭壁，深池。

③辇：人推或拉的车，这里用作动词，用车装载的意思。

④沟：这里用作动词，沟通，开凿的意思。

⑤陵绝：超越。

⑥九疑：即九疑山，在今湖南宁远县境内。

⑦度：量度，这里有勘测规划的意思。

⑧奥草：深草。

⑨涂：污泥。

⑩蛇虺：一种毒蛇。

⑪葩：花。

⑫理：治理。

⑬芟：割除。

⑭行：流通，流动。这里是疏导的意思。



⑮蠲：清洁，使动用法。

⑯酾：疏导。

⑰蓄：指积蓄的湖水。

⑱溶漾：水动荡的样子。

⑲四隅：这里指四方。

⑳窍穴：这里指山洞。

㉑栋宇：堂屋。

㉒庑：堂下四周的屋子。

㉓间厕：参加，这里是交错的意思。

㉔迩：近。

㉕谯门：古代建筑在门楼上用以瞭望的楼。

㉖延：邀请。

㉗择：应作『释』，舍弃。

㉘晓：据另本，晓应作『饶』，富裕。

㉙措：放置。这里是嵌置的意思。

㉚二千石：汉代郡守的俸禄为二千石，后来习惯也称州郡一级的长官为二千石，这里指州刺史。

**点评**

本文记述了韦使君修建新堂的过程和修建前后景物的变化，赞颂了他居高望远，顺应民情，铲除残暴，废除贪污，保护贤良和富民的政策，寓示了在被贬谪的困苦中他仍然坚持政治改革的主张和理想。

本文先由反面设喻，导入本题；中段重在写景，末段重在颂人。写景详明，处处为下文伏笔；颂人汩汩涛涛，层层推进，句句与上文呼应，前后浑为一体。立意新颖，结构严密，文如行云流水，辞采清丽，画面鲜明，语言洒脱，音韵优美，是一篇不可多得的优秀散文。

## 钴鉧①潭西小丘记（柳宗元）

得西山②后八日，寻③山口西北道④二百步⑤，又得钴鉧潭⑥。西二十五步，当湍而浚者为鱼梁⑦。梁之上有丘焉⑧，生竹树。其石之突怒偃蹇⑨，负土而⑩出，争为奇状者，殆⑪不可数。其嵚然相累⑫而下者，若牛马之饮于溪；其冲然角列⑬而上者，若熊罴⑭之登于山。

丘之小不能⑮一亩，可以笼⑯而有之。问其主，曰：“唐氏之弃地，货⑰而不售。”问其价，曰：“止四百。”余怜而售之⑱。李深源、元克己时同游，皆大喜，出自意外。即更取器用，铲刈⑲秽草，伐去恶木，烈火而焚之。嘉木立，美竹露，奇石显。由其中⑳以望，则山之高，云之浮，溪之流，鸟兽之遨游，举熙熙然回巧㉑献技，以效㉒兹丘之下。枕席而卧，则清泠㉓之状与目谋，潸潸㉔之声与耳谋，悠然而虚者与神谋，渊然而静者与心谋。不匝旬㉕而得异地者二，虽㉖古好事之士，或㉗未能至焉。

噫！以兹丘之胜㉘，致之沣㉙镐㉚、鄠㉛杜㉜，则贵游之士争买者，日增千金而愈不可得。今弃是州㉝也，农夫渔父过而陋㉞之，贾四百，连岁㉟不能售。而我与深源、克己独喜得之，是其果有遭㊱乎！书于石，所以贺兹丘之遭也。



**注释**

①钴鉧潭：潭名。钴鉧，熨斗。潭的形状像熨斗，故名。
②西山：山名，在今湖南零陵县西。
③寻：通“循”，沿着。
④道：这里是行走的意思。
⑤步：指跨一步的距离。沿着山口向西北走两百步。
⑥潭：原选本无，据中华书局版《柳河东集》补。
⑦鱼梁：用石砌成的拦截水流、中开缺口以便捕鱼的堰。正当水深流急的地方是一道坝。
⑧焉：用于句中，表示语气停顿一下。
⑨偃蹇：形容石头高耸的姿态。

⑩而：连接先后两个动作，起顺承作用。

⑪殆：几乎，差不多。

⑫嵚然相累：倾斜着相互重叠，彼此挤压。

⑬角列：争取排到前面去。一说，像兽角那样排列。

⑭罴：人熊。

⑮不能：不足，不满，不到。

⑯笼：等于说包笼，包罗。

⑰货：卖，出售。

⑱售之：买进它。这里的『售』是买的意思。

⑲刈：割。

⑳其中：小丘的当中。

㉑回巧：呈现巧妙的姿态。

㉒效：效力，尽力贡献。

㉓清泠：形容景色清凉明澈。

㉔潆潆：象声词，像水回旋的声音。



㉕匝旬：满十天。匝，周。旬，十天为一旬。

㉖虽：即使，纵使，就是。

㉗或：或许，只怕，可能。

㉘胜：指优美的景色。

㉙沣：水名，流经长安（今陕西西安市）。

㉚镐：地名，在今西安市西南。

㉛鄠：地名，在今陕西户县北。

㉜杜：地名，在今陕西长安县东南。

㉝是州：这个州。指永州。

㉞陋：鄙视，轻视。

㉟连岁：多年，接连几年。

㊱遭：遇合，运气。

点评

文题中钴鉧潭的主体是水，小丘的主体则是石，所以本篇着重描写石的『奇』。不仅写出了石的形状，更写出了石的神态和动作，其生动细致，可谓『词出意表，而刻画无上』。但如此美好奇特的小丘，却是主人的『弃地』，犹如政治上之弃人。作者得到小丘后『铲刈秽草，伐去恶木，烈火而焚之』，传达出作者对社会邪恶势力的深恶痛绝；当铲刈焚烧之后，嘉木美竹奇石一下子展现在新主人面前，千姿百态，美不胜收，作者的得意溢于言表，于是又感慨系之，含蓄地表达了对自己政治前途的期盼。

## 小石城山记（柳宗元）

自西山道口径北①，逾②黄茅岭③而下，有二道：其一西出④，寻之无所得；其一少北而东⑤，不过四十丈，土断而川分⑥，有积石横当其垠⑦。其上为睥睨⑧梁欐⑨之形，其旁出堡坞⑩，有若门焉。窥⑪之正黑，投以小石，洞然⑫有水声，其响之激越⑬，良久乃已⑭。环⑮之可上，望甚远⑯，无土壤而生嘉树美箭⑰，益⑱奇而坚，其疏数偃仰，类智者所施设也⑲。

噫！吾疑造物者⑳之有无久矣。及是，愈㉑以为诚㉒有。又怪其不为之中州，而列是夷狄，更千百年不得一售其伎，是固劳而无用㉓。神者傥不宜如是，则其果无乎㉔？或曰：『以慰夫贤而辱于此者㉕』。或曰：『其气之灵，不为伟人，而独为是物，故楚之南少人而多石㉖。』是二者，余未信之。



注释

①径北：一直往北。

②逾：越过。

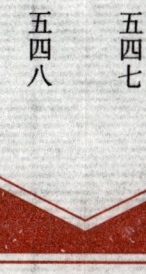

③黄茅岭：在今湖南省零陵县城西面。

④西出：路向西伸去。

⑤少北而东：稍向北又向东去。少，通『稍』。

⑥土断而川分：土路中断，出现分流的河水。

⑦横当其垠：横着挡在路的尽头。

⑧睥睨：城墙上如齿状的矮墙。

⑨梁欐：栋梁，这里指架支着的梁栋。欐，栋，正梁。

⑩堡坞：小城堡，此处是指由山石天然形成的。因此作者称其『小石城山』。

⑪窥：注意，留心。

⑫洞然：深深的样子。

⑬激越：声音高亢清远。

⑭已：停止。

⑮环：绕道而行。

⑯望甚远：『望之甚远』的意思。

⑰箭：指竹子。

⑱益：特别。

⑲「其疏数」二句：意思是，那些嘉树美竹，疏密相宜，起伏有致，好像是聪明人精心设置的。数，密。堰，倒伏。类，好像。

⑳造物者：指创世上帝。

㉑愈：更是。

㉒诚：确实是，的确是。

㉓「又怪其」四句：意思是说，又奇怪「造物者」不把小石城山安排在中原，反而陈设在这偏僻的蛮夷地区，经历千百年也不能够一展它的风采，这当然是徒劳而无功用的。中州，中原地区。售其伎，贡献其技艺，其技艺得到赏识。伎，通「技」。

㉔「神者」二句：意思是，神奇性倘若不该这样，造物者就真的不存在了吧？

㉕以慰夫贤而辱于此者：意思是，小石城山是用来慰藉那些贤明却被贬谪到这里的人们的。

㉖「其气」四句：意思是，那天地间的灵气，在这一带，不造就伟大的人物，却仅仅造就小石城山这样的景物，所以「楚之南」这地方缺少人才而多有石岩。

**点评**

这篇游记以作者的游踪为线索，记叙了亲身经历的山川景物，抒发了被逐永州后的感情。

作者为小石城山的发现笼罩上一层神奇的色彩，而石城竟是天然造化、鬼斧神工。这引起了作者对造物主有无的思索。所谓「愈以为诚有」，是着意之笔，思索由此伸展，避免了平铺呆板之病。美好的景观长期沉埋在人迹罕至的僻野，不为人知，暗扣柳宗元自己的身世遭际，曲折地表达了身遭贬逐的不平。

描写与议论、景物与主观感受达到了高度和谐与交融。但作者最后却说对上述说法并不相信，这既可看作对造物者的否定，更可以看作作者对摆脱现状以施展才能的渴望。



## 贺进士王参元失火书（柳宗元）

得杨八①书，知足下遇火灾，家无余储。仆始闻而骇，中而疑，终乃大喜。盖将吊而更以贺也。道远言略，犹未能究知其状，若果荡焉泯焉而悉无有，乃吾所以尤贺者也。

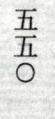

足下勤奉养，乐朝夕，惟恬安无事是望也。今乃有焚炀赫烈之虞，以震骇左右，而脂膏滫瀡②之具，或以不给，吾是以始而骇也。凡人之言皆曰，盈虚倚伏③，去来之不可常。或将大有为也，乃始厄困震悸，于是有水火之孽，有群小之愠。劳苦变动，而后能光明，古之人皆然。斯道辽阔诞漫，虽圣人不能以是必信，是故中而疑也。

以足下读古人书，为文章，善小学④，其为多能若是，而进不能出群士之上，以取显贵者，盖无他焉。京城人多言足下家有积货，士之好廉名者，皆畏忌，不敢道足下之善，独自得之心，蓄之衔忍，而不能出诸口。以公道之难明，而世之多嫌也。一出口，则嗤嗤者以为得重赂。仆自贞元十五年，见足下之文章，蓄之者盖六七年未尝言。是仆私一身而负公道久矣，非特负足下也。及为御史尚书郎，自以幸为天子近臣，得奋其舌⑤，思以发明足下之郁塞。然时称道于行列，犹有顾视而窃笑者。仆良恨修己之不亮，素誉之不立，而为世嫌之所加，常与孟几道⑥言而痛之。乃今幸为天火之所涤荡，凡众之疑虑，举为灰埃。黔其庐，赭其垣，以示其无有。而足下之才能，乃可以显白而不污，其实出矣。是祝融、回禄⑦之相吾子也。则仆与几道十年之相知，不若兹火一夕之为足下誉也。宥而彰之，使夫蓄于心者，咸得开其喙⑧；发策决科者，授子而不栗。虽欲如向之蓄缩受侮，其可得乎？于兹吾有望于子，是以终乃大喜也。

古者列国有灾，同位者皆相吊。许不吊灾，君子恶之⑨。今吾之所陈若是，有以异乎古，故将吊而更以贺也。颜、曾之养，其为乐也大矣，又何阙焉？

足下前章要仆文章古书，极不忘，候得数十篇乃并往耳。吴二十一武陵来，言足下为《醉赋》及《对问》，大善，可寄一本。仆近亦好作文，与在京城时颇异，思与足下辈言之，桎梏甚固，未可得也。因人南来，致书访死生。不悉。宗元白。

注释

①杨八：名敬之，在杨族中排行第八。柳宗元的亲戚，王参元的好朋友。

②滫瀡：泛指食物。滫，淘米水。瀡，古时把使菜肴柔滑的作料叫『滑』，齐国人称之为『瀡』。

③倚伏：出自《老子》『祸兮福之所倚，福兮祸之所伏。』意为祸是福依托之所，福又是祸隐藏之所，祸福可以互相转化。

④小学：旧时对文字学、音韵学、训诂学的总称。

⑤奋其舌：这里指对皇帝劝谏、上疏等。奋，鼓动。

⑥孟几道：孟简，字几道，擅长写，尚节好义，是柳宗元的好朋友。

⑦祝融、回禄：都是传说中的火神名。

⑧喙：鸟兽的嘴。这里借指人的嘴。

⑨许不吊灾，君子恶之：据《左传》记载，鲁昭公十八年（前五二〇年），宋、卫、陈、郑四国发生火灾，许国没有去慰问，当时的有识之士据此推测许国将要灭亡。许，春秋时国名，在今河南许昌一带。

点评

本文标题下笔出人意料，颇有悬念。朋友家里失火，生活失去着落，作者不去劝解、安慰，反而要祝贺，实在是奇特极了。开篇先交代自己得到王家失火的消息时的思想情绪的变化：『骇』『疑』『喜』，简括了把『安慰』改为『庆贺』的原因，并作为全文的纲领。

一个勤读古书，擅长小学研究的『多能』之士，却因为世人怕人说是接受了贿赂而不被推荐；一场大火烧掉了他的财产，别人终于可以推荐他了。寓大喜于大悲之中，令人无限感慨。在幽默的笔调中寄寓着很深的感慨，令人回味再三。文章平易中肯而又风姿摇曳，娓娓动人。

## 待漏院记（王禹偁）

天道不言，而品物①亨岁功②成者，何谓也？四时之吏，五行之佐，宣其气矣。圣人不言而百姓亲、万邦宁者，何谓也？三公③论道，六卿④分职，张其教矣。是知君逸于上，臣劳于下，法乎天也。古之善相天下者，自咎⑤夔⑥至房、魏，可数也，是不独有其德，亦皆务于勤耳，况夙兴夜寐，以事一人。卿大夫犹然，况宰相乎！

朝廷自国初因旧制，设宰臣待漏院于丹凤门之右，示勤政也。至若北阙向曙，东方未明，相君启行，煌煌火城；相君至止，哕哕⑦銮声。金门⑧未辟，玉漏犹滴，彻盖下车，于焉以息。待漏之际，相君其有思乎？

其或兆民未安，思所泰之；四夷未附，思所来之。兵革未息，何以弭⑨之；田畴多芜，何以辟之。贤人在野，我将进之；佞臣立朝，我将斥之。六气不和，灾眚⑩荐⑪至，愿避位以禳⑫之；五刑未措，欺诈日生，请修德以厘⑬之。忧心忡忡，待旦而入，九门既启，四聪⑭甚迩。相君言焉，时君纳焉。皇风于是乎清夷，苍生以之而富庶。若然，总百官、食万钱，非幸也，宜也。

其或私仇未复，思所逐之；旧恩未报，思所荣之。子女玉帛，何以致之；车马器玩，何以取之。奸人附势，我将陟之；直士抗言，我将黜之。三时⑮告灾，上有忧也，构巧词以悦之；群吏弄法，君闻怨言，进谄容以媚之。私心慆慆⑯，假寐而坐，九门既开，重瞳屡回。相君言焉，时君惑焉。政柄于是乎隳⑰哉，帝位以之而危矣。若然，则下死狱、投远方，非不幸也，亦宜也。

是知一国之政，万人之命，悬⑱于宰相，可不慎欤？复有无毁无誉，旅⑲进旅退，窃位而苟禄，备员⑳而全身者，亦无所取焉。

棘寺㉑小吏王某为文，请志院壁，用规于执政者。

**注释**

①品物：众物，万物。

②岁功：一年农事的收获。

③三公：周代三公有两说，一说是司马、司徒、司空，一说是太师、太傅、太保。西汉以丞相（大司徒）、太尉（大司马）、御史大夫（大司空）合称三公。东汉以太尉、司徒、司空合称三公。为共同负责军政的最高长官。唐宋仍沿此称，惟已无实际职务。

④六卿：《周礼》把执政大臣分为六官，即天官、地官、春官、夏官、秋官、冬官，亦称六卿。后世往往称吏、户、礼、兵、刑、工六部尚书为六卿。

⑤咎：通「皋」，即皋陶，相传曾被舜选为掌管刑法的官。

⑥夔：尧舜时的乐官。

⑦哕哕：象声词，徐缓而有节奏的响声。

⑧金门：又称金马门，汉代官署门旁有铜马，故名。

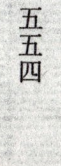

⑨弭：停止，消除。

⑩眚：原义为日食或月食，后引申为灾异。

⑪荐：副词，表示频度，相当于「一再」「屡次」。

⑫禳：除邪消灾的祭祀。

⑬厘：改变，改正。

⑭四聪：《尚书·尧典》「明四目，达四聪。」孔颖达疏「达四方之聪，使为己远听四方也。」

⑮三时：春、夏、秋三个农忙季节。

⑯慆慆：纷乱不息的样子。

⑰隳：崩毁，毁坏。

⑱悬：系连，关联。

⑲旅：俱，共同。

⑳备员：凑数，充数。

㉑棘寺：大理寺（古代掌管刑狱的最高机关）的别称。

点评

在唐宋两代的政治结构中，宰相占有非常重要的地位。宋时文人当政，宰相权力尤重。作者有感于宰相人选在朝政中所起的举足轻重的作用，写了这篇很有时代特色的文章。从题目类型上，这属于『厅壁记』，实际却是一篇充满政治色彩的『宰相论』。

开篇探究天道的运行规律、圣王的政治模式，导出宰臣勤于政务的重要性与必要性，作为下文的张本。接写宰臣上朝时的整肃庄严场面，以『待漏之际，相君其有思乎』，分别刻画出贤相、奸相和庸相三种类型，褒贬之意非常鲜明，反映了他对现实政治的忧虑、批判与幻想。

本文构思精巧，结构对称，行文自然，明快平易，琅琅上口，纡徐之致，是后世传诵的篇章。







## 黄冈竹楼记（王禹偁）

黄冈①之地多竹，大者如椽②，竹工破之，刳③去其节，用代陶瓦④。比屋⑤皆然，以其价廉而工省也。

子城⑥西北隅，雉堞圮毁⑦，蓁莽荒秽，因作小楼二间，与月波楼⑧通。远吞⑨山光，平挹江濑⑩，幽阒辽夐⑪，不可具状。夏宜急雨，有瀑布声；冬宜密雪，有碎玉声。宜鼓琴，琴调虚畅；宜咏诗，诗韵清绝；宜围棋，子声丁丁⑫然；宜投壶⑬，矢声铮铮然；皆竹楼之所助⑭也。

公退⑮之暇，被鹤氅衣⑯，戴华阳巾⑰，手执《周易》一卷，焚香默坐，消遣世虑。江山之外，第见风帆沙鸟，烟云竹树而已。待其酒力醒，茶烟歇，送夕阳，迎素月，亦谪居之胜概⑱也。彼齐云、落星⑲，高则高矣；井干、丽谯⑳，华则华矣；止于贮妓女，藏歌舞，非骚人㉑之事，吾所不取。

吾闻竹工云：『竹之为瓦，仅十稔㉒；若重覆之，得二十稔。』噫！吾以至道乙未岁，自翰林出滁上㉓，丙申，移广陵㉔；丁酉又入西掖㉕；戊戌岁除日㉖，有齐安㉗之命；己亥㉘闰三月到郡。四年之间，奔走不暇；未知明年又在何处，岂惧竹楼之易朽乎！幸后之人与我同志，嗣而葺之㉙，庶㉚斯楼之不朽也！

咸平二年八月十五日记。

注释

①黄冈：今属湖北。

②椽：椽子，架在屋顶承受屋瓦的木条。

③刳：削剔，挖空。

④陶瓦：用泥烧制的瓦。

⑤比屋：挨家挨户。比，紧挨，靠近。

⑥子城：城门外用于防护的半圆形城墙。

⑦雉堞圮毁：城上矮墙倒塌毁坏。雉堞，城上的矮墙。圮毁，倒塌毁坏。

⑧月波楼：黄州的一座城楼。

⑨吞：容纳。

⑩濑：沙滩上的流水。

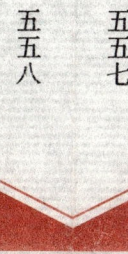

⑪幽阒辽夐：幽静辽阔。幽阒，清幽静寂。夐，远、辽阔。

⑫丁丁：形容棋子敲击棋盘时发出的清脆悠远之声。

⑬投壶：古人宴饮时的一种游戏。以矢投壶中，投中次数多者为胜。胜者斟酒使败者饮。

⑭助：助成，得力于。

⑮公退：办完公事，退下休息。

⑯鹤氅衣：用鸟羽制的披风。

⑰华阳巾：道士所戴的头巾。

⑱胜概：美好的生活状况。胜，美好的。概，状况，此指生活状况。

⑲齐云、落星：均为古代名楼。

⑳井干、丽谯：亦为古代名楼。

㉑骚人：屈原曾作《离骚》，故后人称诗人为『骚人』，亦指风雅之士。

㉒稔：谷子一熟叫作一稔，引申指一年。

㉓至道乙未岁，自翰林出滁上：宋太宗至道元年（九五五年），作者因讪谤朝廷罪由翰林学士贬至滁州。

㉔广陵：即现在的扬州。

㉕又入西掖：指回京复任刑部郎中知制诰。西掖，中书省。

㉖戊戌岁除日：戊戌年除夕。戊戌，宋真宗咸平元年（九九八年）。岁除日，即除夕。

㉗齐安：黄州。

㉘己亥：咸平二年（九九九年）。

㉙嗣而葺之：继我之意而常常修缮它。嗣，接续、继承。葺，修整。

㉚庶：表示期待或可能。

**点评**

本文以竹楼为核心，先记叙黄冈多竹，可以用来代替陶瓦，且价廉工省；继而描写在竹楼上可观山水、听急雨、赏密雪、鼓琴、读书、咏诗、下棋、投壶，极尽人间之享乐，尽得谪居的胜概。借齐云、落星、井干、丽谯各名楼反衬竹楼的诗韵，表明作者甘居清苦、鄙夷声色的高尚情怀，借写奔走不暇，表达眷恋竹楼，愿同志使竹楼不朽之意。

该文是作者著名的抒情小品，艺术上很有特色。结构严谨，构思巧妙，层次分明，多用排比，寓情于景，清幽潇洒，轻快自然，既抒写了作者随遇而安、贬谪不惧的心态，也含蓄地表现了其愤懑不平之情，可以与欧阳修的《醉翁亭记》相媲美。



## 书洛阳名园记后（王禹偁）

洛阳处天下之中，挟①崤②渑③之阻，当秦陇之襟喉，而赵魏之走集，盖四方必争之地也。天下当无事则已，有事，则洛阳先受兵④。予故尝曰：「洛阳之盛衰，天下治乱之候⑤也。」

方唐贞观、开元之间，公卿贵戚开馆列第⑥于东都者，号千有余邸。及其乱离，继以五季⑦之酷，其池塘竹树，兵车蹂践，废而为丘墟。高亭大榭，烟火焚燎，化而为灰烬，与唐俱灭而共亡，无余处矣。予故尝曰：「园圃之废兴，洛阳盛衰之候也。」

且天下之治乱，候于洛阳之盛衰而知；洛阳之盛衰，候于园圃之废兴而得。则《名园记》之作，予岂徒然⑧哉？

呜呼！公卿大夫方进于朝⑨，放乎一己之私以自为，而忘天下之治忽⑩，欲退享此乐，得乎？唐之末路是已。

**注释**

①挟：拥有。

②崤：崤山，在河南洛宁县西北。

③渑：渑池，古城名，在今河南渑池县西。崤山、渑池都在洛阳西边。

④受兵：遭战争之苦。

⑤候：征兆。

⑥开馆列第：营建公馆府邸。

⑦五季：五代（指五代十国时期）。

⑧徒然：白白地。

⑨进于朝：被朝廷提拔任用。

⑩治忽：治世和乱世。

点评

本文是《洛阳名园记》一书的后记。从洛阳的盛衰可以看出国家的治乱，从洛阳园林的兴废可以看出洛阳的盛衰，等于说洛阳园林是国家治乱兴衰的晴雨表。本文对朝廷的腐败提出了强烈的忠告，表现了作者对衰微的国势的清醒认识和深刻忧虑，借唐讽宋的用意十分清楚。文字极短小，层次极分明，逻辑极严谨，而冲击力极强大。



## 严先生祠堂记（范仲淹）

先生①，汉光武之故人也。相尚以道。及帝握《赤符》②，乘六龙，得圣人之时，臣妾亿兆，天下孰加焉？惟先生以节高之。既而动星象，归江湖，得圣人之清。泥涂轩冕，天下孰加焉？惟光武以礼下之。

在《蛊》③之上九④，众方有为，而独「不事王侯，高尚其事」，先生以之。在《屯》⑤之初九⑥，阳德方亨，而能「以贵下贱，大得民也」，光武以之。盖先生之心，出乎日月之上；光武之量，包乎天地之外。微⑦先生，不能成光武之大，微光武，岂能遂先生之高哉？而使贪夫廉，懦夫立，是大有功于名教⑧也。

仲淹来守是邦，始构堂而奠焉，乃复⑨为其后者四家，以奉祠事。又从而歌曰：「云山苍苍，江水泱泱，先生之风，山高水长！」

注释

①先生：指严光。

②赤符：《赤伏符》，新莽末年谶纬家所造符箓，谓刘秀上应天命，当继汉统为帝。后亦泛指帝王受命的符瑞。

③蛊：六十四卦之一。

④上九：六爻中最上面的阳爻。

⑤屯：六十四卦之一。

⑥初九：六爻中最下面的阳爻。

⑦微：无。

⑧名教：儒教。

⑨复：除其徭役。

点评

文章一开始交代出「先生，光武之故人」，然后以「相尚以道」四字开宗明义，点明主题，并以此统领全篇，可谓惜墨如金。

『道』是精神追求的最高境界，故紧扣『相尚以道』，分三层逐次展开论述。作者把严子陵与光武帝两对照、相互映衬，同时指出二人交谊使贪夫廉，懦夫立，大有功于名教。至此，不仅将严先生的为人品格，及他与光武『相尚以道』的交谊写足，作者以『构堂而奠焉』的初衷也尽在其中。结尾把读者的视线，从祠堂引向无限广大的天地之间，与高山流水长在。

开阔的意境，深远的旨趣，隽智的文字，使读者在怀念先生之风的同时，产生无尽的联想。

## 岳阳楼记①（范仲淹）

庆历四年②春，滕子京谪守巴陵郡③。越明年④，政通人和⑤，百废具兴⑥，乃⑦重修岳阳楼，增其旧制⑧，刻唐贤今人⑨诗赋于其上。属⑩予作文以记之。

予观夫巴陵胜状⑪，在洞庭一湖。衔⑫远山，吞⑬长江，浩浩汤汤⑭，横无际涯⑮；朝晖夕阴，气象万千⑯。此则岳阳楼之大观也⑰，前人之述备矣⑱。然则⑲北通巫峡，南极潇湘⑳，迁客㉑骚人㉒，多会于此，览物之情，得无异乎㉓？

若夫淫雨㉔霏霏㉕，连月不开，阴㉖风怒号，浊浪排空㉗；日星隐曜㉘，山岳潜形㉙；商旅不行㉚，樯倾楫摧㉛；薄暮冥冥㉜，虎啸猿啼。登斯楼也，则有㉝去国怀乡，忧谗畏讥㉞，满目萧然㉟，感极㊱而悲者矣。

至若春和景明㊲，波澜不惊㊳，上下天光，一碧万顷㊴；沙鸥翔集，锦鳞游泳㊵；岸芷汀兰㊶，郁郁㊷青青。而或长烟一空㊸，皓月千里㊹，浮光跃金㊺，静影沉璧㊻，渔歌互答㊼，此乐何极㊽！登斯楼也，则有心旷神怡㊾，宠辱偕忘㊿，把酒临风(51)，其喜洋洋(52)者矣。

嗟夫(53)！予尝求古仁人(54)之心，或异二者之为(55)，何哉？不以物喜，不以己悲(56)；居庙堂之高则忧其民(57)；处江湖之远则忧其君(58)。是进亦忧，退亦忧。然则何时而乐耶？其必曰：『先天下之忧而忧，后天下之乐而乐』(59)乎？噫！微斯人，吾谁与归(60)？

时六年九月十五日。



注释

①记：一种文体。可以写景、叙事，多为议论。但目的是为了抒发作者的情怀和政治抱负（阐述作者的某些观念）。

②庆历四年：公元一〇四四年。庆历，宋仁宗赵祯的年号。本文末句中的『时六年』，指庆历六年（一〇四六），点明作文的时间。

③滕子京谪守巴陵郡：滕子京降职任岳州太守。滕子京，名宗谅，子京是他的字，范仲淹的朋友。谪，封建王朝官吏降职或远调。守，做郡的长官。巴陵郡，即岳州，治所在今湖南岳阳，这里沿用古称。

④越明年：指庆历五年，为针对庆历四年而言。

⑤政通人和：政事顺利，百姓和乐。政，政事。通，通顺。和，和乐。

⑥百废具兴：各种荒废的事业都兴办起来了。百，形容其多。废，指荒废的事业。具，通「俱」，全，皆。兴，复兴。

⑦乃：于是。

⑧制：规模。

⑨唐贤今人：唐代和当代名人。

⑩属：通「嘱」，嘱托、嘱咐。

⑪胜状：胜景，好景色。

⑫衔：包含。

⑬吞：吞吐。

⑭浩浩汤汤：水波浩荡的样子。汤汤，水流大而急。

⑮横无际涯：宽阔无边。横，广远。际涯，边。

⑯朝晖夕阴，气象万千：或早或晚（一天里）阴晴多变化。晖，日光。气象，景象。

⑰此则岳阳楼之大观也：这就是岳阳楼的雄伟景象。大观，雄伟景象。

⑱前人之述备矣：前人的记述很详尽了。前人之述，指上面说的「唐贤今人诗赋」。备，详尽，完备。

⑲然则：虽然如此，那么。

⑳南极潇湘：南面直到潇水、湘水。潇水是湘水的支流，湘水流入洞庭湖。







㉑迁客：谪迁的人，指降职远调的人。

㉒骚人：诗人。战国时屈原作《离骚》，因此后人也称诗人为骚人。

㉓览物之情，得无异乎：看到自然景物而引发的情感，怎能不有所不同呢？览，观看，欣赏。

㉔淫雨：连绵不断的雨。

㉕霏霏：雨或雪（繁密）的样子。

㉖阴：阴冷。

㉗排空：冲向天空。

㉘日星隐曜：太阳和星星隐藏起光辉。曜，光辉，日光。

㉙山岳潜形：山岳隐没了形体。岳，高大的山。潜，隐没。形，形迹。

㉚行：走，此指前行。

㉛樯倾楫摧：桅杆倒下，船桨折断。樯，桅杆。楫，船桨。摧，折断。

㉜薄暮冥冥：傍晚天色昏暗。薄，迫近。冥冥，昏暗的样子。

㉝则：就。有：产生……的（情感）。

㉞去国怀乡，忧谗畏讥：离开国都，怀念家乡，担心（人家）说坏话，惧怕（人家）批评指责。国，国都，指京城。

㉟萧然：凄凉冷落的样子。

㊱感极：感慨到了极点。

㊲至若春和景明：至于到了，春天气候暖和，阳光普照。春和，春风和煦。景，日光。明，明媚。

㊳波澜不惊：湖面平静，没有惊涛骇浪。

㊴上下天光，一碧万顷：天色湖面光色交映，一片碧绿，广阔无边。一，一片。万顷，极言其广。

㊵沙鸥翔集，锦鳞游泳：沙鸥时而飞翔，时而停歇，美丽的鱼在水中游来游去。沙鸥，沙洲上的鸥鸟。鳞，代指鱼。

㊶岸芷汀兰：岸上的小草，小洲上的兰花。芷，香草的一种。汀，小洲，水边平地。

㊷郁郁：形容草木茂盛。

㊸而或长烟一空：有时大片水雾完全消散。或，有时。

㊹皓月千里：皎洁的月光照耀千里。

㊺浮光跃金：湖水波动时，浮在水面上的月光闪耀起金光。

㊻静影沉璧：湖水平静时，明月映入水中，好似沉下一块玉璧。璧，圆形正中有孔的玉。

㊼互答：一唱一和。

㊽何极：哪有穷尽。何，怎么。极，穷尽。

㊾心旷神怡：心情开朗，精神愉快。旷，开阔。怡，愉快。

㊿宠辱偕忘：荣耀和屈辱一并都忘了。宠，荣耀。辱，屈辱。

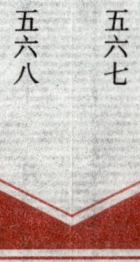

(51)把酒临风：端酒面对着风，就是在清风吹拂中端起酒来喝。

(52)洋洋：高兴的样子。

(53)嗟夫：唉。嗟夫为两个词，皆为语气词。

(54)古仁人：古时品德高尚的人。

(55)或异二者之为：或许不同于（以上）两种心情。二者，这里指前两段的『悲』与『喜』。

(56)不以物喜，不以己悲：不因为外物好坏和自己得失而或喜或悲（此句为互文）。以，因为。

(57)居庙堂之高则忧其民：在朝中做官就担忧百姓。庙堂，指朝廷。

(58)处江湖之远则忧其君：处在僻远的地方做官就为君主担忧。处江湖之远，处在偏远的江湖间，意思是不在朝廷上做官。

(59)先天下之忧而忧，后天下之乐而乐：在天下人担忧之前先担忧，在天下人享乐之后才享乐。

(60)微斯人，吾谁与归：（如果）没有这种人，那我同谁一道呢？微，（如果）没有。斯人，这种人（指前文的『古仁人』）。

**点评**

本文是作者应好友之请，为重修的岳阳楼而写的。文中通过岳阳楼的记述，含蓄地规劝好友『不以物喜，不以己悲』，以自己『先天下之忧而忧，后天下之乐而乐』的济世情怀和乐观精神感染老友，从而超越了单纯写山水楼观的狭境，将全文的重心放到了纵议政治理想方面，扩大了文章的精神境界。

文章的巧妙处在于避开楼而写湖，写登楼的迁客骚人看到洞庭湖的不同景色时产生的不同感情，以衬托最后一段所谓『古仁人之心』，可谓别出心裁。记事简明，写景铺张，抒情真切，议论精辟，彼此交融互助，表现了很高的技巧。把丰富的意义熔铸到短短的两句话中，如『不以物喜，不以己悲』『先天下之忧而忧，后天下之乐而乐』，已经成为千古名言。

## 谏院题名记（司马光）

古者谏无官，自公卿大夫，至于工商，无不得谏者。汉兴以来，始置官。

夫以天下之政，四海之众，得失利病，萃于一官使言之，其为任亦重矣。居是官者，常志①其大，舍其细；先其急，后其缓；专利国家而不为身谋。彼汲汲②于名者，犹汲汲于利也，其间相去何远哉！

天禧③初，真宗诏④置谏官六员，责⑤其职事。庆历⑥中，钱君始书其名于版。光恐久而漫灭⑦，嘉祐⑧八年，刻于石。后之人将历指其名而议之曰：『某也忠，某也诈，某也直，某也曲。』呜呼！可不惧哉！

**注释**

①志：记。

②汲汲：急切的样子。

③天禧：宋真宗（赵恒）年号。

④诏：名词活用作动词，下诏。

⑤责：监督。

⑥庆历：宋仁宗（赵祯）的第六个年号。

⑦漫灭：模糊、消失。

⑧嘉祐：宋仁宗（赵祯）最后一个年号。



**点评**

本文在极短的篇幅内，历数谏官这一官职的历史沿革、谏官的特殊职责，说明了谏院题名和本文写作的缘起，要求谏官『当志其大，舍其细，先其急，后其缓，专利国家，而不为身谋』，体现了作者举忠斥奸，刚正不阿，不为身谋的精神。构思精严，笔法老辣，语言凝练，正气凛然。

## 义田记（钱公辅①）

范文正公②，苏人也。平生好施与，择其亲而贫、疏而贤者，咸施之。方贵显时，置负郭③常稔之田千亩，号曰『义田』，以养济群族之人。日有食，岁有衣，嫁娶婚葬皆有赡。择族之长而贤者主其计，而时共其出纳焉。日食，人一升；岁衣，人一缣。嫁女者五十千，再嫁者三十千；娶妇者三十千，再娶者十五千；葬者如再嫁之数，葬幼者十千。族之聚者九十口，岁入给稻八百斛，以其所入，给其所聚，沛然有余而无穷。屏④而家居俟代者，与焉；仕而居官者，罢其给。此其大较也。

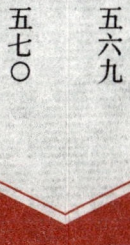

初，公之未贵显也，尝有志于是矣，而力未逮者二十年。既而为西帅，及参大政⑤，于是始有禄赐之入而终其志。公既殁，后世子孙修其业，承其志，如公之存也。公虽位充禄厚，而贫终其身；殁之日，身无以为敛，子无以为丧；惟以施贫活族之义，遗其子而已。

昔晏平仲⑥敝车羸马，桓子曰：『是隐君之赐也。』晏子曰：『自臣之贵，父之族，无不乘车者；母之族，无不足于衣食者；妻之族，无冻馁者；齐国之士，待臣而举火者三百余人。如此，而为隐君之赐乎？彰君之赐乎？』于是齐侯以晏子之觞而觞桓子⑦。予尝爱晏子好仁，齐侯知贤，而桓子服义⑧也。又爱晏子之仁有等级，而言有次第也；先父族，次母族，次妻族，而后及其疏远之贤。孟子曰『亲亲而仁民，仁民而爱物。』晏子为近之。今观文正之义田，贤于平仲；其规模远举，又疑过之。

呜呼！世之都三公位，享万钟禄，其邸第之雄，车舆之饰，声色之多，妻孥之富，止乎一己而已；而族之人不得其门而入者，岂少也哉！况于施贤乎！其下为卿，为大夫，为士，廪稍⑨之充，奉养之厚，止乎一己而已。而族之人，操壶瓢为沟中瘠⑩者，又岂少哉？况于他人乎！是皆公之罪人也。

公之忠义满朝廷，事业满边隅，功名满天下，后世必有史官书之者，予可无录也。独高其义，因以遗其世云。



注释

① 钱公辅：北宋武进（今属江苏）人，字君倚，曾任天章阁待制、江宁知府等职。
② 范文正公：即范仲淹，字希文，谥文正。
③ 负郭：距城很近。
④ 屏：弃，指丢了官。
⑤『既而』二句：庆历二年，范仲淹任陕西路安抚经略招讨使。次年，任参知政事。
⑥ 晏平仲：即晏婴，齐国大夫，历仕灵公、庄公、景公三世。
⑦ 桓子：田（陈）文之子，春秋时齐国大夫。
⑧ 服义：在正义或真理面前，表示心服。这里指桓子受觞而不辞。
⑨ 廪稍：公家给予的粮食。
⑩ 沟中瘠：指饿死在沟渠中。瘠，通『胔』，没有完全腐烂的尸体。

点评

本文通篇以『义』字作线眼，旨在表彰范文正公自奉俭约，购置义田，以养济群族之人的高风义行。

全文以记事为主，记人为辅，大体分开。叙述部分将范文正公乐于助人的秉性，义田制度的概况及设立义田的夙愿，作了清楚的说明，强调范文正公『有志于此而力未逮者二十年』，以至『殁之日身无以为敛，子无以为丧，惟以施贫活族之义遗其子孙而已』。议论部分先以晏子亲亲仁民的美德正衬，又以『奉养之厚，止乎一己』的世风来反衬，突出了范文正公义行之可敬可佩。末段补述写作此篇文章之缘故，以『独高其义，因以遗于世』扣题，标明其作记命意的所在。